U0934912

77 Tools
für Design Thinker

Insider-Tipps aus der
Design-Thinking-Praxis

设计思维的
77种工具

[德] 英格丽·葛斯特巴赫 著
(Ingrid Gerstbach)
方怡青 译

電子工業出版社
Publishing House of Electronics Industry
北京·BEIJING

Published in its Original Edition with the title
77 Tools für Design Thinker: Insider-Tipps aus der Design-Thinking-Praxis
Author: Ingrid Gerstbach
By GABAL Verlag GmbH

版权贸易合同登记号　图字：01-2020-2352

图书在版编目（CIP）数据

设计思维的77种工具 /（德）英格丽·葛斯特巴赫（Ingrid Gerstbach）著；方怡青译. —北京：电子工业出版社，2020.7

ISBN 978-7-121-39094-4

I. ①设… II. ①英… ②方… III. ①企业创新 IV. ①F273.1

中国版本图书馆CIP数据核字(2020)第099481号

策划编辑：晋　晶
责任编辑：袁桂春
印　　刷：涿州市京南印刷厂
装　　订：涿州市京南印刷厂
出版发行：电子工业出版社
　　　　　北京市海淀区万寿路173信箱　　邮编100036
开　　本：720×1000　1/16　印张：17.5　字数：219千字
版　　次：2020年7月第1版
印　　次：2021年7月第3次印刷
定　　价：69.00元

凡所购买电子工业出版社图书有缺损问题，请向购买书店调换。若书店售缺，请与本社发行部联系，联系及邮购电话:（010）88254888，88258888。

质量投诉请发邮件至zlts@phei.com.cn，盗版侵权举报请发邮件至dbqq@phei.com.cn。

本书咨询联系方式：（010）88254199，sjb@phei.com.cn。

目 录

阶段2　定义问题　/ 114

阶段3　产生想法　/ 146

符号

前　言

在最初担任设计思维咨询师时，我非常希望拥有这样的一本工具书，它能够简述各种技术和方法，同时用具体的案例进行论证，而且全书的内容不应来自任何研究机构或高校，而应直接源于以企业咨询为主的实践！

本书未重点介绍设计思维的基础知识，因为其主要读者对象是已了解相关知识并在一定程度上加以应用的人群。本书所依据的经验和认识源于企业咨询、研讨会和培训工作。

我目前不再直接负责项目，只担任企业顾问，与客户一同举办半日研讨会。许多企业通过研讨会解决创新问题，其中大部分企业已接受我的顾问服务若干年。帮助企业获得长期有效的成果，对于我来说十分重要。

共情、合作与信任是设计思维中非常重要的核心能力。我在担任设计思维咨询师的实践中提出的下列基本假设进一步说明了此观点。

- 人们基于各自对于世界的独特看法而互动。
- 每个问题都至少有一个行之有效的解决方案。

- 沟通的意义可在其产生的结果中被发现。
- 每个人都知道自己需要什么。
- 每项行为都以一个积极的意图为基础。
- 人的本质不等同于其行为。
- 没有失败，只有反馈。
- 当某事出现问题时，应改变行为方式。
- 一切人类行为都有特定的结构。
- 外在行为是内在行为的结果。

本书帮助你运用设计思维管理企业，能够在与客户产生情感共鸣的同时始终坚持自我。你将学习如何在创新和创造力方面为企业提供支持，以及获得可持续的效果，而非短暂的“美容效应”。

祝你收获成功！

英格丽·葛斯特巴赫

创新：在正确的时间使用正确的工具

理解设计思维过程是实现创新的良好前提。然而，仅仅理解设计思维过程是不够的，还需了解整个过程中不同时间点所运用的特定工具和所需要的能力。设计思维过程不仅包括非常简单的工具，如2×2矩阵，也包括一些复杂的工具，如分析、观察等。

就像工匠师傅有自己的一套专业工具并根据加工对象选择相应的工具一样，设计思维用户必须熟悉各种各样的工具，以便为某个项目选择正确的工具及相应的团队。

本书以4×4设计思维®过程为基本结构。第2章至第4章阐述每个过程步骤的关键活动，详细描述77种简单、高效且高度灵活的工具。这些工具均可供设计思维用户使用，以便他们在整个设计思维过程中取得进步。描述中包含具体的行动方案，具象化地说明工具在项目中的实施时间和方式。书中的案例来自不同企业，既包括探索性的项目实例，也包括在多个项目中广泛应用设计思维过程的著名企业案例。

正确的工具

你可通过以下链接了解一些工具的参考模型：http ://gerstbach-designthinking.com/vorlagen / 77tools。

4×4设计思维®过程

踏上新征程的时机已成熟。这不仅是为了促进企业的成功，也是为了确保企业的生存。如今，创新是企业获得成功和保持竞争力的决定性因素。不创新就意味着失败。可惜创新想法并不会轻易地从天而降。设计思维能够产生可靠的创新想法，因为它挑战人们的创造力，而有效创新的关键恰恰在于人的创造力。

设计思维：人是重点

我们必须先了解人们真正的需求、能够打动他们的事物，以及如何借助我们的知识为其提供支持。我们必须展开联想，分享知识，关联以前不相关的内容，扩展现有解决方案的空间。这需要采用一种有针对性的、探究现状的新方法。设计思维关注的重点是人及其愿望和价值观。人同时也是新事物的灵感之源，可以提供更好的、可持续性的产品和服务，以及截然不同的新系统。设计思维使创新成为可能。

网络思维：创新的基础

借助设计思维，我们能够深入想象的世界之中。这对于在这个以模式转换、问题日益复杂化、文化转变、数字化及全球化为特征的世界里得以存活至关重要。

我们需要以复杂的方式处理复杂的问题，不仅要询问专家意见，还要尽可能地从不同角度观察和探索世界。对于设计思维方面的需求增长如此迅速，这使我确信，是时候重新思考世界及有针对性地审视成规了。

为支持企业引进设计思维并将其作为问题解决策略，我从自身经验出发，设计了4×4设计思维®方法。该方法以创新和效率为前提，包含16项成功因素。当你充分利用设计思维潜力、想要为长期成功创建基础，以及为企业引进设计思维时，你将用到这16项成功因素。4×4设计思维®方法包括：

- 4个阶段因素——建立共情、定义问题、产生想法、原型设计。
- 4种思维模式因素——开放、共情、沟通、系统化思考。
- 4种环境因素——跨学科合作、空间、方法、项目订单。
- 4种引进因素——开工会议、设计思维会议（集体）、培训、设计思维会议（受试者）。

本章介绍设计思维的过程：哪些阶段是必需的？哪些知识是前提？哪些方法是不可或缺的？

请进入设计思维的世界吧，感受它所带来的惊喜：一个简单的视角转换会带来巨大的改变，而你自身又蕴藏无限的创造力和发明精神！

设计思维过程的4个阶段中，每一个都有其目标和活动。我将分章节详细介绍每个阶段。

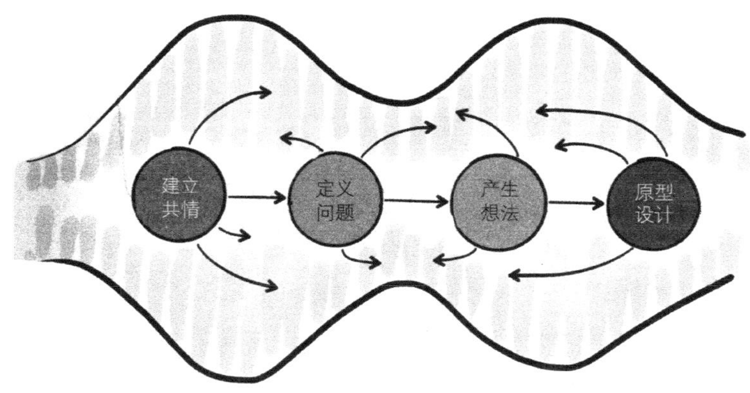

阶段1：建立共情

设计思维过程首先应该找到起点。在进入项目之前，你最好稍作停顿，观察一下周围不断变化着的世界。请关注经济、技术、社会、文化、政治等领域发生的一切变化，并收集最新事件、当前发展情况及近期新闻。请研究可能对你的主题领域产生影响的趋势。请观察这些变化的整体效应。上述所有步骤将为你提供解决原始问题、寻找创新机会的新途径。

此阶段旨在研究人们（最终用户和其他利益相关者）及其日常互动。对此，传统的市场研究方法最具意义。

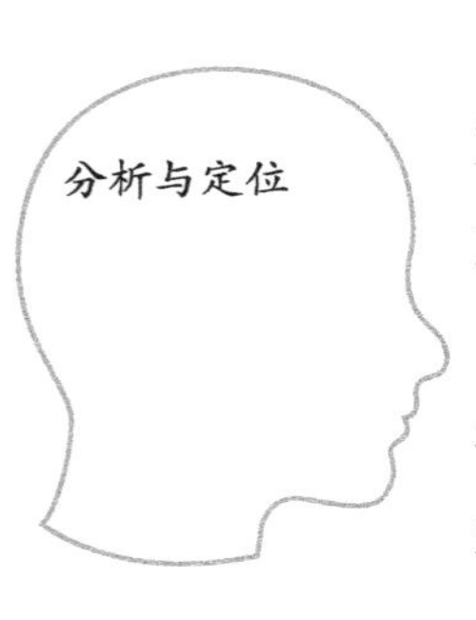

然而，为了充分理解未表达需求的人，你需要采用更为高效的方法和工具，为此，观察和人种学研究方法较为适宜。借助这两种方法，你将通过不同于访谈或焦点小组研究的方法了解人们。关键目标之一是从你的观察中提取出最有价值的见解。“见解”在这里被定义为一种有趣的表达，或者对人们实际行为的观察所产生的一种学习。见解是对被观察事物的一种阐释，并且常常是对于探寻原因问题的解答。

共情不可或缺

共情指的是通过倾听、观察、相互影响和分析，获得对人们思想、感受和需求的同感。走进人们的日常生活和仔细倾听能够带来非常有价值的认知，有时这些认知会出乎你的意料，它们大多并不显而易见。为获得珍贵的见解，你应该重点关注人们所有的行为、言语和思想。如果你想实施一个产品开发项目，你需要了解人们的思维方式，研究他们的行为、需求、动机、经验，以及其他相关产品。

重要的是对人们面临的问题、需要克服的挑战，以及客户委婉表达的需求——当然也包括他们没有说出的需求，有一个基本的理解。因人们的认知而可能产生的全新的产品、服务或商业战略从根本上满足了人们的需求和愿望，创造了显著的新价值，并且非常难以复制。

请你仔细地研究背景环境——影响人们周围环境的情况和事件。请学习市场是如何对你的企业供给做出反应的，并重点关注与你类似的企业，观察它们的举动。你将从另一个角度了解你的企业。请你也观察来自其他行业的企业，就像观察尚处于起步阶段的直接竞争对手那样。请研究这些竞争对手是怎样制定它们的战略的。请了解你的企业与其同行业竞争对手之间的关系。此阶段的重点是了解哪些因素共同决定了创新的背景环境——包括社会、工业、技术、经济、文化、政治。

阶段2：定义问题

研究之后的下一个挑战是为你在上一阶段的发现和学习成果引入结构和样本。你将对数据进行分类和分组，然后开始发掘重要的区别和共性，分析潜在市场机会或利基市场的背景环境和样本。从多项数据分析中得出的见解对于进一步研究意义重大。因此，请你在这一阶段最好结合使用多种工具，以便从多个视角出发，更好地理解背景环境。由此产生的原则将帮助你探究其他构想和可能的解决方案。

在处理关于人们及其背景环境的大量、复杂的定性数据时，你不可能展现或完全了解每个细节。在大多数情况下，笔记、影像等数量过多，以至于你无法了解全部情况。然而，庆幸的是，你也无须对成功创新的整体环境进行全面、正确的了解。重要的是理解最基本的数据样本，以揭示普遍原则。

样本有助于模型的创建

分类是找出普遍原则的一种可能的方法。收集访谈中重复出现的概念或词组并加以分类。另一种可能的方法是通过网格呈现关键点，然后研究这些关键点的分布。由此产生的可视化样本是一种非常高效的分析和沟通手段，既可用于收获见解，也可用于制定原则。

然而，寻找样本的决定性优势在于能够帮助你将详细、杂乱无章的数据转化为普遍、抽象、容易理解的模型，以及让你认识到模型在各自背景环境下的作用方式。你可以参考这些模型，轻松地形成自己的观点、表达自己的立场、形成自己的认知或制定创新的基本原则。

正如对样本的识别有助于在大量、复杂的数据中产生见解一样，样本的可视化为全面了解背景环境做出了贡献。一个创新项目越具有挑战性，其通过不同的研究方法产生的数据的量就越大。借助多种工具，你能够成功地从复杂的数据和大量的层级中得出系统化的认知。前一阶段需要你高度集中注意力，以便获得深刻的见解和发现需求，而本阶段的挑战是将思维方式提高一个层次——在新的层次上，系统和样本都清晰可见且易于理解。

选择：始终遵循主导思想

从人们及其背景环境中学习

好的概要就像一张实用的地图，但较实际版地图包含更少的细节。你正在向团队和利益相关者提供足够的信息，以便从中过滤出讨论结果、想法和决定。从这一阶段产生的真正的好成果是讲述真人故事及其经历，并且通过说明一个过程、一次旅程或一种形势，实现团队对潜在用户的了解和共情。因此，概要必须足够全面，不仅表现背景环境的关键方面，也要体现其边界。唯有如此，团队才能寻找新的机会，开发被他人错过或忽略的概念。

现在，你可以从迄今为止所搜集到的信息中提炼出丰富的知识，以便为开发新的概念奠定良好的基础。应该在整个创新过程中都遵循这样的原则，本阶段尤其如此。你想从对不同背景环境下的人们的理解中有所收获，此时，工具是非常重要的，它能够将认知和观察缩减至屈指可数的、更加重要的集群，日后还可作为主导思想应用到创新发展中去。这种思维方式的优势在于，你在阶段3为开发新的概念而采用的创造性过程是建立在一系列原则之上的，而你将借助这些原则识别真正的挑战和机遇。

阶段3：产生想法

本阶段的主要任务是找出结构化的想法，并由此识别机会，探寻新的概念。作为输入，你将使用在上一阶段中得出的认知和原则。本阶段的目标是产生新鲜、大胆的想法——你要针对项目主题产生创新想法。团队成员在多种概念之上进行构思，小心翼翼地将批判性评估向后推移。你用前几个阶段的成果证明概念，从而确保它们的现实性。

富有成效的思想交流

除了使用正确的工具，将不同人群纳入想法产生的过程也很重要。除了组成跨学科的项目团队，你还应该邀请与该主题相关的其他成员，如用户、专业人士等。汇总各种专业知识的目的在于确定不同的观察角度，以提高最终成果的丰富性和档次。

设计粗略原型

在设计粗略原型阶段，你将探究产品、服务、沟通、环境、品牌和商业模式的典型概念。虽然尚未进入原型设计阶段，但你现在就可构思粗略原型——无论是为了聚焦团队交谈，还是为了较早地获得用户或客户反馈。

你对概念进行评分，并识别出能够为利益相关者（尤其是用户和企业）带来最大利益的那些概念。你将最有价值的观点总结成相互增强的多个概念。你根据概念的兼容性进行评分，以找到整体解决方案。你设法按照有效的类别和等级来组织概念和解决方案。你反复地创建原型方案，并在现实世界中进行测试。在本阶段，你将确定解决方案的大体轮廓，以便向团队、用户及客户介绍你的设想。此外，你还将结合自己在本阶段开发的多个概念：从用于进一步选择的解决方案选项、集群到相干系统中概念的综合。概念的评估也非常重要——评分，选出不同见解并进行排序，进行成本效益分析、可行性和可持续性测试。请寻找沟通方案，你可以用图表、原型和叙述将想法可视化，以方便使用，包括被其他团队和项目使用。

理解关联

你看问题的方式取决于对背景和人的了解，但可能因此偏离了真实世界，而转向包含见解、原则、系统和想法的抽象世界。在理解关联阶段，你将开始理解和领会自己在真实世界中观察到的事物及其关联，并开始从众多模糊的数据中提取重要认知。

你开发的解决方案的服务对象有不同的行为方式和性格。使你的创新行之有效的背景环境十分复杂，它是一个由众多相互连接的

“部件”组成的密集网络。你现在应该进行积极搜索，以研究这一复杂系统，准确地处理获得的研究数据，分析从多个方面和多个视角得到的结果。你面对自己的认知所带来的诸多疑问，并寻找解决问题的方法。你采用可视化工具或图表表达想法，以使自己思路清晰，与同事协作，以及更好地与利益相关者沟通。只有当思路清晰时，你才能够识别新的机会。

确保你的想法有实现的机会

系统化思考是本阶段的关键。通过系统化思考，你确保自己开发的概念能够真正应对复杂的真实系统。此外，这种思维方式还能够帮助避免聚焦陷阱，因为系统基本上是实体的集合。我在自己的项目中最常用到的几个实体例子包括人、服务、产品、企业和市场。实体之间存在联系，如相似性、从属性、互补性。这正是收集、分组及仔细研究上述所有系统和实体的正确出发点，以便你能够识别最有意义的样本和获得最有价值的见解。

产生想法阶段通常由项目团队启动。项目团队针对待研究主题召开头脑风暴会议（产生想法的最常用工具之一）。接着，根据项目的需要，至少再安排一次与用户或客户企业的员工共同产生想法的会议。在此过程中产生的想法将被记录在小卡片上，待稍后验证。

阶段4：原型设计

在原型设计阶段，你通过可视化建模验证产生的想法。原型已拥有一项产品或服务的所有重要特征。用户可体验某一产品或服务，检验其概念。原型的性质差异很大，这取决于其业务范围和对实际解决方案的要求。因此，原型可以是图形界面，如手机应用模型，也可以是一项产品或一次角色扮演，借助它可模拟用户在实际使用产品和服务时情形。尽管原型设计是设计思维的最后一个阶段，但它在整个项目中可与其他阶段同时进行。

1. 项目团队视角的原型设计：

你通过尝试而学习。当构建想法时，你在整个过程中关注细节。

2. 用户视角的原型设计：

你向用户学习。通过与模型在不同背景层面进行互动，用户可进行评分，从而给予你有关开发和改进的反馈。

反思认识

通过原型设计，你将想法更加具体化。原型设计通过展现现实——尽管是简化的现实，以及提供验证，实现从抽象到具体的过渡。原型可以是任何形式的：从解决方案的概念或模拟表示，到想法的类化，再到尽可能接近最终想法的设计。因此，原型设计减少了每个项目中的不确定性。你可迅速放弃未经采纳的备选方案。这样一来，通往最终方案之路将越来越清晰。

原型设计的过程总是从通向理想方案的问题开始，为此应建立模型，展现特定的方面，以便对方案进行仔细检查。之后应分析由此产生的结果，并不断重复这一循环，直到项目团队得到符合用户需要及企业利益的最终方案为止。进行的测试次数越多、引入此过程越早，学到的东西就越多，成功找到最终方案的可能性也就越大。

由此可见，原型设计是一连串模拟的组合，用于分析问题、检验假设及呈现想法。这些想法之后会被实现并引发讨论。

原型的开发实现了：

- 筛选和重新构建关键想法。
- 更加具体地构建想法并进行互动评价。
- 通过用户接受度抽样调查验证解决方案。
- 考虑可能的瓶颈和问题，优化风险和成本。

阻碍创新成功的四个误区

诸如苹果、谷歌这样的企业始终是新闻报道的焦点——它们的创新受到世界的瞩目。“创新”一词出现在与未来或战略有关的所有报纸、杂志和会议中。尽管创新在战略方面确实得到了许多关注，但仅有很少的企业了解将创新转变为可靠且可重复的过程的方法。研究表明，仅有4%的企业成功实施创新项目，剩下的96%均以失败告终。如果创新真的这么重要，为何企业在此方面没有改进呢？为什么还有这么多的创新项目失败呢？

误区1：创新是管理层的事

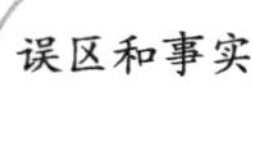

误区和事实

事实：那些每天在一线与客户打交道的员工往往是突破性想法的真正来源。

但是，缺少支持员工规划与定义创新的结构和过程。在目前关于创新的说法中，更多的是提醒管理层，创新是战略的必要组成部分之一。一项创新举措一旦制定，就应召集来自不同部门和层级的团队，如经理、总监、研究人员、市场推广人员、工程师等，共同制定应对变化的方法。企业应采取哪些新方法？需要哪些专业技巧、活动和能力？企业应制订一份计划，目标是在市场上推出一些迄今尚无人推出的新产品或服务。

误区2：创新必须回答“怎样做”的问题，因为创新是实践家的事情

事实：创新不仅是实践家的事情，也常常在与战略家的合作中产生。

必须将创新包含在（范围）更大的战略之中，以实现更加广泛的理解。为此，应该对已有的假设提出质疑，颠覆基本原理，研究不适合的市场需求和机会。这需要对商业战略的深刻理解，尤其是对企业为何要创新、应在哪些领域进行创新的认识。重要的是将实践家的行为与其对战略的影响联系起来。因为创新并非百科全书，而是将工具和活动纳入战略的指南。

误区3：我们当前的创新实践很好

事实：当前的创新实践没有带来突破。

实现创新的可靠工具和技术不足——创新不是偶然的改进。创新团队组建得太晚，以至于许多方法都已过时，或者根本不再具有针对性。因此，创新过程中可能会用到受制于某些关键数据的技术——由于创新过于极端，不可能存在竞争，这些关键数据根本无法给定；抑或问题常常未被完全理解，机会不可见。

误区4：创新无法规划

事实：实现创新的科学、系统过程是存在的。

当思考管理时，企业往往想到的是控制，是能够预测、规划、系统化和引导的过程，以取得可预见的成果。然而，当思考创新时，企业往往考虑其他属性。创新只是“采用另一种方式做事”，或者“跳出盒子思考”，仅指常规准则不适用之处，这些都是普遍的错误观点。只有少数企业能够为不受任何控制的、偶然发生的创新实践投资。创新是一项重要的能力。为使创新得到更加广泛的运用，企业需要一种新的实践方法。创新是一门学科，并非魔法。企业应该有意识地应用、练习和改进创新。

创新成功的四个原则

我从自己的实践中总结出一些原则，能够帮助企业系统化地实现创新。现在，让我们逐一研究这些原则，发掘使用方法，以便通过更加可靠的方式实现创新。

针对世界上几家最具创造力的企业的分析表明，创新成功总的来说遵循以下四个普遍的原则。

原则1：一切创新均以人为本

“用户体验”（User Experience，UX）的概念与软件和信息技术相关，用户友好性应是每次创新实现成功的重要因素之一。每家企业都在一定程度上影响单个用户的体验。关注这些体验是开拓创新的最佳做法。

请你设想自己是办公座椅生产商。通常情况下，你会先从美学角度设计座椅，并考虑如何改善其舒适度和风格，以生产出更好的产品。由于竞争对手企业与你采用相同的做法，它们的改进措施或多或少与你相似。然而，如果你将目光转向更大的领域，即“座椅用户体验”，那么你将发现更加广泛的机会，而这些机会将为竞争另辟蹊径。

在大多数企业中，创新就是这样产生的，开始企业往往主要关注价格。企业试图理解消费者购买现有产品的原因，以及他们使用产品的方式。发掘信息的典型方法包括问卷调查、焦点小组、访谈和可用性测试。民意测验专家尝试借助大量问题获取产品相关信息——可采取哪些改进措施？为什么人们购买这种产品，而不是竞争对手的产品？人们更愿意为哪些附加功能买单？遵循此方法的所有创新均主要关注现有产品本身。

聚焦本质

以人为本的创新则采用另一种方法。其关注的焦点不是产品，而是用户。焦点从人们使用的产品转移至人们的行为、需求和动机。

最成功的创新其实不是以对产品或技术的详细了解为基础的，而是基于企业对客户的了解。因此，企业不应聚焦于有关产品使用的有目共睹的体验，而应关注客户的活动和使用环境。创新的关键在于识别需求，发现产品或服务创新的机会，以及真正了解产品使用对象和使用方法。也就是说，企业应将其产品性能理念延伸至特性及功能之外，了解用户的实际动机和需求。这样的思考和了解将使企业最终走向真正的创新。

设计思维重点关注对人的认知，通过直接观察和与之互动收集相关信息，旨在加深对人的理解。许多企业依托焦点小组、问卷调查等传统方法，而人种学观察方法直接从观察和背景环境收集时有发生的有关人的意外认知。这一方法聚焦于人们的语言和实际行为。

原则2：激活创新基因

苹果和谷歌常被看作创新设计及成功的典型范例。这两家企业的创始人都独具魅力，遵循相同的理念，是天生的创新者。两家企业位于创新世界的中心——硅谷，拥有组织和文化方面的诸多优势，这为其成功实行创新战略提供了可能。

有些公司一开始并没有专注于创新战略，而是在逐渐发展过程中开始制定创新战略，这样的公司案例较少，美国西南航空公司是其中之一。该公司开创了一种新的商业模式，并为潜在客户带来了新的效益。西南航空公司有意识地将自己定位为与公路运输而非其他航空公司争夺客源，并根据随之出现的需求调整策略。西南航空公司通过取消附加服务，使机票价格大幅度降低。值机时间和起飞频率的改进则使短途航线更快捷。西南航空公司还重新定义了客户，尽管其服务基本保持不变。这主要是在企业中培养人们的一种思维方式。

此外，每人每天都要主动地调整自己在企业中的行为，因为每一项创新实践都是一个合作的过程：拥有不同领域技能的人们聚集在一起，以实现设计思维过程的价值。工程师、专家、人种学者、经理、设计师、经济规划师、市场营销研究员、财务规划师及最终用户均被纳入创新过程之中。达到这一合作水平对于许多企业而言任重而道远。经常召开互动会议，以聚集人员及多方面专业知识，是企业迈向成功路上最初的一小步。

原则3：创新作为整体的组成部分

无论是一件产品、一种服务还是一个过程，始终属于一个更大的系统。我在这里将“系统”理解为多个具有依存关系的单元之间相互作用而形成的一个整体，其范畴大于各个部分的总和。当了解了这个整体的工作原理及其组成单元时，人们就能够提供更大的价值。

远见非常重要

让我们以商店的会员卡为例。企业可以仅关注会员卡，或者将会员卡看作整体产品的一部分。这一视角开辟了全新的可能性。企业可以观察客户何时以何种方式购买哪些产品，有什么能够促进对客户群体的新认知，能在特定时期为客户提供新产品。上述所有内容又能促成通常不会被注意到的新的创新。这些创新基于系统的不同组成部分，具有更大的价值，常常为企业带来意想不到的竞争优势。

原则4：创新并非偶然

我总是不断地重复“创新并非偶然”这句话。创新与其他任何组织职能一样，也可以进行规划。借助完善的过程和可重复的技术，企业可在内部构建积极促进系统思考和创新文化的创新认知。为此，高度的纪律性必不可少。

第一步是承认制订创新计划和实施初始步骤的时间已到。为此，应注意创新过程与企业中的其他过程同时存在，并且需要与其他过程良好地结合在一起。

设计思维过程始于了解客户和开发概念，以满足客户需求。了解和认识到不同过程相互影响的时间和地点，是企业内部合作成功的关键。当过程具备协作特性且得到积极实践时，创新可能会变得可靠且可重复。结合技术和高经济价值的设计能够实现较高的产品接受度，而这又可能使企业达到市场领先地位。

设计思维过程并不是线性的，即使一个过程包含连续或一系列的线性事件。例如，一个项目可能始于突然的头脑风暴（产生想法，设计思维的阶段3），然后通过建立共情（阶段1）和定义问题（阶段2），验证和改进产生的想法，之后进行进一步的探索和迭代。

创新需要进行多次循环，很少是直接顺序推动。创新过程具有迭代性。因此，你可能由一个想法和意图开启一个项目。你需要多次循环，以研究用户的需求。新的认知将帮助你优化图像并获得关于意图的更多想法。这些新的想法又须经过分析和验证，直到能够作为原型通过测试和优化为止。

设计思维过程中重复和循环的次数在很大程度上与预算和你的计划范围有关。多次短暂循环在某些情况下是有必要的，但在其他情况中完全无法实施。多次迭代通常会促成高价值的成功创新，但需要更高的纪律性和更久的毅力。

创新是迭代的过程

按语1：团体动力——了解团队为何如此重要

你还记得瑞士航空公司吗？该公司在20世纪时像瑞士银行一样稳定，因而被称作“飞行的银行”。然而，在2001年经济危机中它是首当其冲破产的航空公司。研究表明，该航空公司破产的原因在于集体思维导致的糟糕战略决定。

集体思维的原因和结果

集体思维是指决策小组里的成员越是相处融洽，越具有团队精神，越容易使独立的批判性思维被集体思维所取代。造成这一非理性行为的原因在于实际或假设的团体价值的同质性和一致性，以及等级森严的团体结构——领导永远是对的，其他成员要快速适应领导（可能）的要求。

你了解自己的团队吗?

正如安然、瑞士航空公司及早期的大众等案例所表明的那样，基于集体思维的糟糕战略决定可能造成巨大的经济损失。

请你设想一下：为解决一个问题，你召集了自己部门中最聪明的同事，你对这个团队寄予厚望。然而，不知何故，该团队未能真正鼓起干劲。

这可能受到多个因素的影响：

- 团队中有人非常具有批判性，批判团队成员的每个想法。根据你的猜测，他的吹毛求疵阻碍了其他人发表意见。
- 团队中有人几乎毫无贡献，每当问及他的意见时，他就随声附和某个占据主导地位的团队成员。
- 团队中有人发表评论，认为时间安排不现实、制度无法遵守等，从而抑制了讨论的热情和团队成员的积极性。

团体动力的重要性

库尔特·勒温（Kurt Lewin），著名社会心理学家和变革管理专家，于20世纪40年代早期提出了“团体动力”的概念。他将团体动力解释为人们在团队中扮演的角色和采用的行为方式，以及这些角色和行为方式对其他团队成员及整个团队的影响。

你能够轻松地识别一支具有积极动力的团队：团队成员之间相互信任、良好协作，以形成集体决定，并且对决定共同承担责任。研究表明，拥有积极动力的团队，其创造力几乎是一般团队的两倍。

在一个团体动力低落的团队中，团队成员的行为会阻碍工作。团队成员无法高效地制定和探索多种方案，从而导致无法决策或做出错误的决策。

团体动力低落的原因

团队领导和成员可能导致团体动力低落。以下是可能出现的最常见问题。

- 管理不善：当团队缺乏强有力的领导者时，通常由一名占据主导地位的团队成员进行管理。这可能导致方向迷失、冲突出现或本末倒置。
- 过分依赖权威：这体现在人们为了表明自己与领导的想法一致，不表露自己的想法。
- 出现阻碍：当团队成员以某种方式干扰团队中的信息流时，阻碍就出现了。
  - 进攻者：这种人通常不赞同其他团队成员的意见，并且喜欢批评他人。
  - 消极成员：这种人通常不参与讨论。
  - 寻求认可者：这种人喜欢炫耀或主导会议。
  - 小丑：这种人在不适当的时间过分表现自己的幽默感。
  - 漂泊者（或社会流浪汉）：这种人游手好闲，将所有工作推给同事。
- 害怕评价：人们极其不愿意被其他的团队成员评价，他们常常保持沉默，不分享自己的意见。

解决办法：认识你的团队

作为设计思维主持人，你的任务是领导团队完成整个过程。因此，你需要知道应该在什么时候进行哪个环节，以及应该获得怎样的结果。了解这些之后，你便能够避免可能出现的问题，包括团体动力低落的问题。

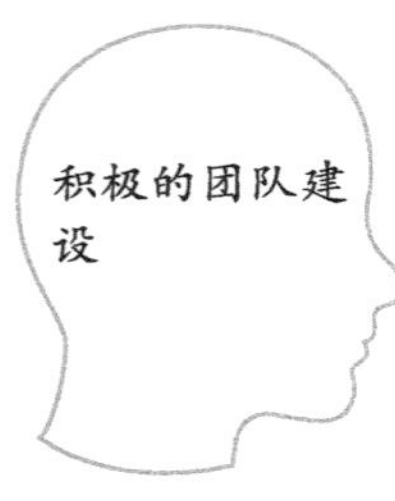

- 你应当在准备阶段就注意培养良好的团队凝聚力。请仔细考虑，你需要哪些人，谁能为此过程做出贡献。这也将帮助你处理潜在的问题。
- 快速处理问题：当发觉某个团队成员对团队产生负面影响时，你应当快速采取行动。你要与当事人私下谈话，坦率地谈及此问题并留意之后的效果。
- 缺乏工作重点或方向的团队也很容易产生消极动力，因为团队成员为了理解自己在团队中的角色而痛苦挣扎。因此，你应在准备阶段就定义团队使命与目标。请解释为什么邀请某些人，以及你希望从中获得什么。
- 请采用能够促进相互了解的团队建设方法，尤其是在团队从未合作过的情况下。这些方法也使得新同事更容易融入团队，并且有助于克服“黑羊效应”。“黑羊效应”指的是团队成员排斥异己的行为。你还应该解释乔哈里视窗理论，帮助人们打开心扉。乔哈里视窗理论表明，自我感知与外部感知在任何情况下都不相符。当事人自己的感知不同于其他人。请你做出表率，坦诚地谈论吸引你的事情：对团队或团队成果的期望、你在创新过程中学到的有价值的经验教训。

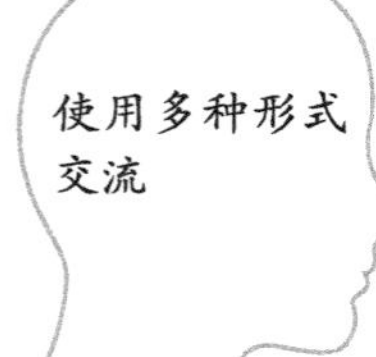

- 开放式沟通对于形成良好的团体动力至关重要——请确保每个人都坦诚地进行交流。为避免歧义，请使用多种沟通形式，如电子邮件、聊天工具及共享文档。当项目状态发生变化或你需要发布公告时，请尽快通知大家。通过这种方式，你可确保每个人都获得相同的信息。
- 请留意团体动力低落的预警信号。例如，频繁出现一致通过的决定，因为这可能是集体思维的征兆。你应该寻找新的途径，鼓励团队成员讨论或匿名分享观点。

请记住：你必须仔细观察团队，以了解团队成员之间的互动方式。导致团体动力低落的许多行为方式都可在准备阶段被拦截。

按语2：跨学科团队配方

跨学科团队应具备：

- 令人信服的愿景。当团队拥有一个共同的目标且所有团队成员均承诺为此而努力时，该团队会变得更加创新。透明的行为准则可为各团队成员提供必要的动力。
- 目标相依。目标相依是指团队成员为实现其目标所需的共同途径。因此，目标只能由整个团队共同实现，而非借助单个成员的力量。跨学科的团队不提倡单独行动，团队成员应协作共赢。越是复杂的问题，越需要团队成员之间相互分享技能。共同克服挑战是关键。
- 对创新行动的支持。当领导者不仅推动创新，而且积极支持和鼓励员工创新时——即使最初的创新尝试并不成功，团队也会因此变得更加创新。出于对错误和令人沮丧的评价的恐惧，人们倾向于快速遵循和实施最佳想法。当此想法最终陷入僵局时，人们的失落感反而更大。因此，你最好寄希望于多个想法，其中也可能包括某个糟糕的主意——这点你必须接受。这也意味着你要有意识地承担风险，将错误当作学习过程的一部分并接受它。这样做是值得的！
- 共同的任务导向。以合作为特征的任务导向产生于共同的、更高层次的愿景，而对于愿景的共同关注又促进和要求各个成员具有较高的绩效，并推动相互鼓励、相互监督及提供建

运作良好的团队中的有效合作

设性反馈。

- 团结并相互理解的团队成员。团结在这里指的是，每个成员都为所有人的共同利益而努力，每个人都是整体的一部分。

构建良好运作的团队、遵守高效团队合作的准则，当然也意味着要花一笔可观的费用。但与产生的结果相比，这些额外开支几乎不值得一提。一个良好的团队所带来的远不止眼前的共同目标：每个团队成员都在团队中找到了安全感和归属感。每个团队成员都有自己的角色，他们演活了这些角色，并因此变得与众不同。这样一来，团队成员应对挑战变得更加容易，团队成员也能够更加开放、勇敢地质疑现状，而这又是创新成功必不可少的前提。

按语3：热身——克服不确定性，开始行动，获得乐趣

当所有（经济）危机都已过去，并且以人为本的商业模式重新受到关注时，成功的企业将在一个重要方面区别于其他任何企业：拥有创造性思考的能力。我坚信这点。

企业已经认识到，“要么创新，要么死亡”不再是一句空话。这句话更多地反映了快速前进的现代经济的残酷现实。集思广益确实非常重要——试图独自伏案解决问题的员工基本上只会浪费客户的时间和金钱。尽管如此，企业中的许多人仍一如既往地相信，当他们的思维陷入绝境时，必须直接返回起点并且更加努力地工作，因为这是他们被聘用和支付薪酬所需具备的能力。

而我恰恰认为这是一个思维误区。我们每个人并不是为自己工作，我们都承担社会责任，所有人都应该互相帮助、共同产生想法。

但我并不想因此而召开一次计划不周的头脑风暴会议！这实际上可能弊大于利。当有人说“来吧，我们进行头脑风暴吧”时，你是否有种奇怪的感觉？这种情况并不在少数。已有大量研究表明，头脑风暴并不会带来理想的结果。然而，这种方法不起作用的前提是头脑风暴被当作一般的小组工作而非一种技术。令人惊异的是，当团队成员协作时，一群人产生的想法往往更少，而当每个人单独工作时，却能产生更多的想法。

这些研究列举了一些其他负面的例子，如：

- 恐惧评价效应。
- 社会流浪汉效应（一个人因其他所有人的工作而受益）。
- 集体思维效应。

你可能在实际工作中遇到过上述所有效应：经理站在会议室中间，装模作样地指着白板。主持人让大家安静下来，鼓励大家表达想法，说想法无所谓好坏。接着，当开始的信号发出后，最大声的人成了会议的焦点。想法无所谓好坏，不是吗？这时，其他人变得越来越安静，一种不太好的气氛蔓延开来。当会议终于结束时，所有人站起身来，垂头丧气地回到各自的岗位上。

解决办法：通过热身开始会议

热身活动、破冰游戏和激励游戏是为新的方法及解决方案提供沃土的好机会。我知道每个人都具有创造力，因为我接触过有着各种各样背景和职业经历的人，从实验室中的科学家到大型企业集团的领导者，都能充分发挥自身的创造力。你无须为此移居硅谷或转行。你无须成为一名设计顾问或辞去目前的工作。这个世界更多需要的是有创意的政治家、经理和财务顾问。当你将创造力注入工作

通过游戏的方式提高主动性和创造性

中时——这也始终是你的职责之一，你将发掘更好的新方案并收获更多的成功。

热身活动可以做到这点：它启发我们的灵感，教育我们应摒弃原有思路，尝试新思路。

以有趣的眼光看待世界的人，他们对周围的事物有更大的影响，因为没有什么比我们的行为、目标和感觉更能影响我们内心信仰体系的了。相信自己能引起变化的人更容易实现这点，因为他们会进行更多的尝试、坚持更长的时间，以及更加妥善地处理错误。反之，当人们被恐惧击倒时，他们会失去干劲，所有的新机会都将被摧毁。你也可以将每次经历看作学习的机会而非可能的错误。我们常常在项目规划阶段就受到监控必要性的禁锢。只要对自己的创造力多一点点信心，你就能够更加轻松地面对恐惧。请摆脱现状，不要听从别人的话，勇敢、坚定地克服障碍。

尽管尝试新的路径吧！你可以直接通过一个简单的游戏来开启会议，以便从一开始就获得新的活力。

你可以在本书的其他章节找到有关如何进行此类游戏的一些灵感。给自己一记猛击，跳出自己的舒适区，唤醒你及你的员工的创造潜力！我向你承诺：这真的非常简单，却能带来巨大的影响！

瑞士证券交易所案例分析：金融行业的创新空间

“信任是一切的开始”，这是德意志银行在20世纪90年代为其金融产品做广告时所用的标语。这句话如今依然适用于整个金融行业。金融领域的创新尤为艰辛。一项调查表明，德国的银行客户趋于保守，不愿承担任何风险。创新对于金融领域的初创企业而言则更加困难，人们无法获知初创企业是如何运作的，6个月后是否仍然存在，因此，银行客户还是再次选择了传统银行——寄希望于其“为自己制定和提供类似的创新应用方案”。

瑞士证券交易所也意识到了这点。为了实现“为金融领域开发创新解决方案，从初创企业的灵活性中受益”的目标，瑞士证券交易所自主建立了“F10”金融科技孵化创新中心，与初创企业共同在创新短跑中开发产品创意及进行可行性研究。IT专家、程序员及企业经济学家跟踪新的技术趋势，在此过程中致力于各种项目和经营理念，开发原型并测试其在金融行业的潜力。而瑞士证券交易所此前就已凭借自主研发的支付应用程序及Paymit[1]，在创新短跑中树立了最初的品牌形象。

1 Paymit 是由瑞士证券交易所开发的一款 P2P（Peer to Peer）付款工具。——译者注

黑客松[1]作为选择程序

瑞士证券交易所是全方位的“先行者”，引进专业知识并适应新技术。参与者经黑客松选拔出来：在48小时内，150名程序员、设计师和创新人员在一项产生新创意的竞赛中相互比拼。获胜队伍中的部分人员可参加为期6个月的产品开发项目，在此期间开发出一种微型的可行产品，并为其初创企业找到最初的付费客户（www.f10.ch）。

每3~4周组建一支新的团队，研究新的主题。各团队研制的成果经过评估，并根据评估结果进一步实施和发展。为此，瑞士证券交易所还将邀请更多的初创企业参与协作。这有利于营造创新氛围和交流想法。

场所的重要性

瑞士证券交易所希望采用尽可能简单的方法，打造一个明显不同于常规办公环境的工作场所。在苏黎世西区，一个约600平方米的工作场所拔地而起。这一方面可促进合作和激发创造力，另一方面也在一定程度上避免了外界的干扰。带扶手的高背椅成了会议结束和打完电话后休憩的地方。长桌被随意摆放在整个房间。混凝土梁及黑色天花板营造了一种促进工作的车间氛围。墙面有明显的做旧感，大家大胆地在墙上钉便签，在桌上摆放植物，或者在工作时吃三明治。任何有助于思考的事情都是被允许的。

1　黑客松（Hackathon，又译为编程马拉松），是一种活动。在该活动当中，电脑程序员以及其他与软件发展相关的人员，如图形设计师、界面设计师与项目经理，相聚在一起，以紧密合作的形式进行某个软件项目。黑客松的灵魂是合作编写程序和应用。黑客松的时长一般在几天到一周不等，其精髓在于：很多人在一段特定的时间内相聚在一起，以他们想要的方式，去做他们想做的事情——整个编程过程几乎没有任何限制。——译者注

阶段1　建立共情

概要

“我不具有的，他人也不具有。这是人们相互理解的唯一基础。”

——埃里希·弗洛姆[1]

了解一个人的最佳方式，莫过于深深地浸入他的生活。设计思维者常常受到一些不属于真正目标群体的人群的委托。企业很少是自己的客户，所以很少有问题真正揭示了客户的驱动动机和实际需求。设计思维者也要完整地参与过程，真正地融入其中，以便与客户获得同感，进而为其制定解决方案。在此期间，应该检查自己的偏见、想法和经历。这不是一个简单的过程，常常出现设计思维者必须反复思考甚至摒弃其信念的情况。这要求团队站在一个从未达到过的高度上进行评判。

相互理解促进合作

为了项目的利益并使团队成员感到快乐，这种方法最终会让参与者敞开心扉。作为设计思维者，通过浸入其他人的周围环境，你也可与他人建立良好的信任关系。你将与每个人单独交谈，之后也

1　埃里希·弗洛姆（Erich Fromm，1900年3月23日—1980年3月18日）是一位国际知名的美籍德国犹太人，人本主义哲学家和精神分析心理学家。其毕生旨在修改弗洛伊德的精神分析学说，以切合发生两次世界大战后的西方人精神处境，埃里希·弗洛姆被尊为“精神分析社会学”的奠基人之一。——译者注

将和他们的同事和朋友交谈，以便最终能够理解目标群体并成为其喉舌。

热身

请设想自己将启动一个项目。在大多数的设计思维即兴会议中，团队成员几乎或完全互相不认识。当相互之间不甚了解时，我们就容易产生接触恐惧和拘束感。我们不知道，其他人会对我们及我们的想法做出怎样的反应，我们担心自己会说出一些显得可笑或愚蠢的话。因此，我们在新合作之初常常有些胆怯，还不能完全适应。以下练习能克服这些障碍，为合作开拓新的可能。你将惊讶于障碍消失速度之快，以及进一步合作如此之简单！

实践部分均以两个练习开始。这些练习非常适合各阶段的入门。

企鹅和鲨鱼

 消除不确定性

 6~10 人

 无

 5~10 分钟

- 消除障碍和接触恐惧
- 快速制造大量快乐的练习

- 需占用较大空间

方法

- 第1步：主持人解释两种动物的行动方式，企鹅将位于身体两侧的双臂向后伸展，双手与身体成90度，“蹒跚”而行，即一只脚放在另一只脚前，迈很小的步伐，同时发出“咪咪咪咪”的声音。与此相反，鲨鱼的“步伐”很大，双臂向前伸展，不断地开合。
- 第2步：刚开始时，除了一人是鲨鱼，其他所有人都是企鹅。鲨鱼的任务是抓企鹅。
- 第3步：企鹅被抓住后即变为鲨鱼。
- 第4步：当所有企鹅都变成鲨鱼时，游戏结束。

猜猜我是谁

破冰游戏

认识新的团队成员

6~10 人

桌布

3 分钟

- 非常快速的游戏
- 认识团队成员

- 对于不擅长记忆名字的人而言难度较大
- 主持人必须在准备阶段记住所有人的名字

方法

- 第1步：需要用到桌布（或床单、大纸板等），也可使用由一道门分隔的两个房间。
- 第2步：组建两个小组，面对面纵向排列，并用遮挡物（桌布）隔开（像电影《爱心牌》中那样）。
- 第3步：主持人让桌布落下，使每组的第1名队员能够看到对方。
- 第4步：队员必须尽快说出对方的名字。
- 第5步：先说出对方名字的队员为本小组获得一分。

工具

1. 做自己的客户

	认知
	生产商或企业代表主动将自己置于客户的环境之中，以便从客户角度描述、发现和强化其真实需求
	观察员、用户
	相机、便利贴
	至少半天，1~2 天更好

借助“做自己的客户”这一工具，企业能够积极、深入地将自己置于客户的环境之中，以发现真正打动客户的事物。

做法

首先，请生产商或企业代表扮演客户的角色，例如，让他亲自使用某种产品，并在此基础上描述自己的客户。描述应包含与自己的客户有关的典型经历（必需品、愿望等）。接着，探究客户对生产商的产品或服务的真实感受。在分别获得生产商和客户的相关信息之后，我们便可在此基础上发现生产商对其客户的错误假设和判断。

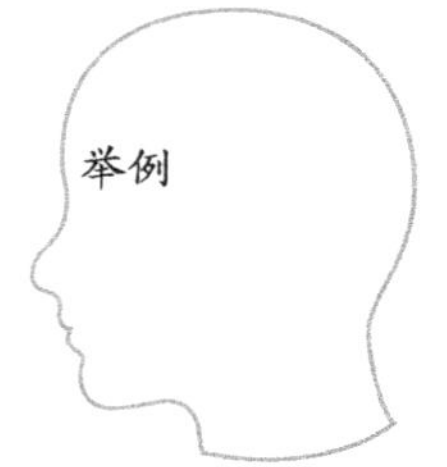

遮阳装置生产商在垂直帘所用的织物中看到了创新潜力。在询问了室内装潢人员等客户之后，生产商发现装配过程中的优化潜力比织物中大得多。

优点

- 企业有可能获得关于客户的知识。
- 获得的信息可帮助揭示发展潜力。
- 通过发现让竞争对手改进的潜在因素，实现竞争性分析的可能性。

缺点

- 存在人们寻求确认的风险。
- 耗时。
- 为了发表真正的见解，需要询问多个人。

Sonnentor公司案例分析："走进你们家店时，人们感觉很舒服！"

以售卖茶叶和香料而闻名的Sonnentor公司是奥地利最受欢迎的雇主之一。该企业坐落于奥地利北部的小城施普洛格尼茨（Sprögnitz），如今已远近闻名。公司每周都会收到40多个自发的求职申请。该公司的支持者并不仅仅是员工，客户也争先恐后地抢购产品。无论是客户还是员工，都感受到该公司以人为本的宗旨。

Sonnentor公司的创始人是约翰内斯·古特曼（Johannes Gutmann）。当我于2016年夏天拜访他时，他自豪地带我参观他的企业。他受到了大家的欢迎，包括我们之后一同走进他的一家店时，客户和员工似乎都非常喜爱他。这是为什么呢？一家公司是如何做到让这么多人——无论是客户还是员工——都希望与它产生关联的呢？我想我已找到了答案：在这家公司，每位员工都可以发挥自己的才华，无须遭受任何外来压力。这不是在玩角色扮演游戏，而是真实的。工作是有意义的且能带来乐趣——客户也觉察到这一点，并为此所吸引。

每位员工都必须了解公司的运行机制

Sonnentor公司的价值观不仅为了营销宣传的目的而创立，也得到了践行。与客户的协作在此起到了关键作用。新进员工将接受入职强化培训。这个所谓的融入阶段通常会持续2~3周。在此期间，每位员工，无论他从事哪方面的工作，都必须通过入职强化培训，“以实际行动”认识每种工作。这样做的原因很简单：所有员工都必须了解公司的运行机制、客户的思维方式及需求。让新员工熟悉公司的各个部门，是实现这一目标的最佳方式。

这种方式虽然耗时耗财，但在很多方面都大有裨益：一方面，可以让新员工细致地学习公司的经营理念。Sonnentor公司看重的并非收益或利润最大化，而是协作：待人宽容如待己，相互认可与尊重，富有成效的合作。另一方面，员工也加深了对客户的了解，知道他们购买产品的原因以及产品和客户之间的纽带。

聚焦客户利益

这种以人为本的方法完全符合设计思维的理念：除技术和经济，人也扮演着重要角色——尤其是客户。设计思维的焦点始终对准客户的利益。此想法的出发点在于，企业、项目或团队若不以人为导向，最终定会失败。只有了解客户的需求并将其融入解决方案之中的人，才能够在鱼龙混杂的市场中创造出被客户接受的产品。

或者正如约翰内斯·古特曼，这位戴着个性的红色眼镜、穿着旧皮裤的老板所说：“总的来说不要问太多，边做边学给了我最大的帮助。尝试比学习重要，付诸实施才是最关键的！那些说出自己的愿望和需求的客户，教会了我最多的东西。”

2. 贝尔宾团队角色模型

	团队的组成
	构建良好合作的高效团队
	设计思维团队
	纸或便利贴
	约 30 分钟

英国心理学教授梅雷迪思·贝尔宾（Meredith Belbin）于20世纪70年代发现，团队成功的决定性因素并非个人的敏锐洞察力，而更多地取决于各团队成员个性特征即优缺点的互补。贝尔宾确定了9种不同的角色。因此，当一个团队由这9种不同的角色组成时，它的工作效率最高。

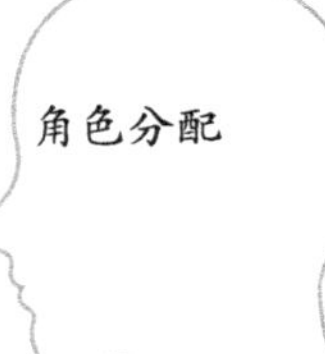

行动导向型角色

1．鞭策者：激励他人行动，有勇气，能克服障碍。充满活力，实用主义者，能承受压力，但也常常急躁，容易激怒别人。

2．执行者：将计划付诸实施。拥有组织天赋和结合实际的理解力。遵守纪律，有责任意识，高效，但也刻板固执。

3．完成者：控制质量，注重细节，讨厌错误。细心、认真、守时，但也犹豫不决，执着于检查，不轻易对某事放手。

沟通导向型角色

4．协调者：团队领袖的理想形象，促进决策和好的想法。镇定、自信、克制，但能力或许一般。

5．凝聚者：孜孜不倦地提供支持，确保沟通良好，避免摩擦。感觉敏锐，忠诚合作，待人圆滑，但优柔寡断。

6．外交家：善于构建关系网，不仅负责获取新的想法，还根据外部接口的需要调整团队。热情、好奇，但很快就失去兴趣，不够现实，过于乐观。

基于知识的角色

7．智多星：团队中的幻想家，带来新气象和新创意。喜欢非常规且具有引导性的思维方式，但他们的想法总是很激进，并且可能忽略实施的可能性。

8．审议员：持怀疑态度者，首先研究建议的可行性，始终脚踏实地。坚忍不拔，冷静行事，聪明，精于谋略，但欠缺鼓舞他人的能力。

9．专业师：团队中的钻研家，提供必要的最新知识。以自我为中心，全情投入，但也常常忽略技术细节。

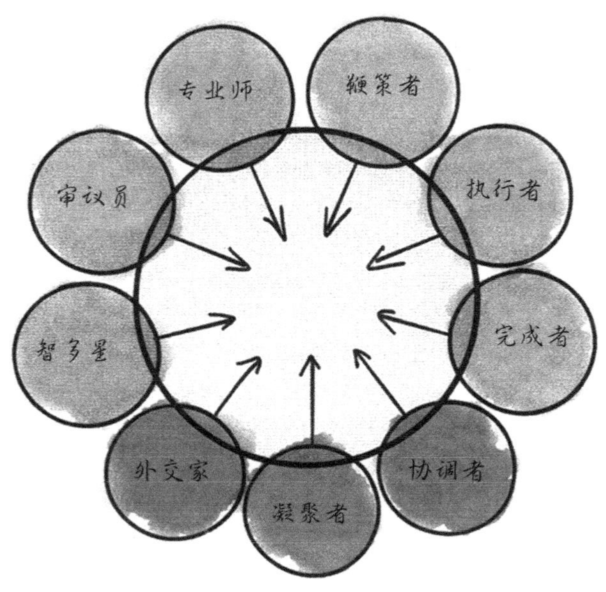

贝尔宾团队角色模型的缺陷

现实中几乎不可能出现一个团队正好由这9种人组成的情况。而且贝尔宾也忽略了一点：团队成员之间可能存在如化学反应一般的竞争、反感等情况，严重阻碍他们之间的协作。

创造性和成功仅产生于优势与劣势分布最不均匀的地方。若所有团队成员具有相同的劣势，则团队就会败在这一点上；若所有人拥有同样的优势，则会引起内耗型竞争。

优点

团队角色的概念有助于强化自我认知，尤其是对下列问题的回答：

- 团队中已经有哪些角色？
- 哪种角色最适合我？

- 团队中还缺少哪种角色？

认识到自己对团队的作用的人，能够更好地发挥自己的优势，以及更有针对性地弥补自己的劣势。

缺点

- 此模型在现实中几乎无法应用。
- 团队成员之间的化学反应是被忽略的因素。

提示

贝尔宾团队角色模型也适用于个人：在处理自有项目时，可让自己分别扮演不同的角色，以便从各个角度观察任务，制定新的解决方案。

3. 观察

	调查研究
	获得有关产品及其背景，以及周围环境对该产品影响的认识，发现隐藏的用户需求，以及开发该产品的关键问题
	观察员、客户、用户
	笔记簿、笔，可能用到相机、口述录音机
	几小时至一整天

观察指的是对于客观上可感知的事实在其发生时刻的系统化捕捉，如识别可用性问题。这是一种探索性的方法。单纯的观察和问题识别在自然环境中的使用十分重要。

准备

- 确定待解决任务，并确保这些任务准确对应最终用户及产品。
- 获得受试者；在此也应密切留意，受试者应代表未来产品用户的平均水平。
- 确定记录观察的方式（视频、照片、笔记）。
- 在开始前进行一次试验。

做法

当一个人执行一项任务时，仔细观察其行为、事件和活动，并记录下来。请尽可能低调地进行观察！在最佳情况下，受试者应觉察不到自己被观察或至少感觉舒适。在观察期间记录下每一个动作。请突出问题和不寻常点。

特点

此处描述的是直接的观察。观察的方式有很多种，如外部观察、自我观察、现场观察、实验室观察、非个人观察、公开观察、隐蔽观察、参与观察和非参与观察。（参见工具5：情境调查）。

优点

- 行为可直接观察。
- 人们在其日常环境中即可被“研究”。
- 影响因素（人、形势、环境）均可辨认。
- 可识别因背景环境而产生的特殊要求。
- 通过视频记录下来的观察片段可被随时观看、提取和分析。

- 客观事实可运用仪器（如眼动仪）准确获取。
- 用户可更好地被理解。
- 产品可通过对背景效应的观察而得到优化。
- 为进一步发展提供多种建议和想法。

缺点

- 观点、见解和情感无法、很难或只能主观地观察到。
- 通常情况下，观察员在观察期间会产生一些需要另外（书面或口头）澄清的问题（如人们为什么这样或那样做）。
- 观察的适用性受限。
- 客观性和可靠性较低，受受试者数量影响较大。
- 观察员或摄像机的存在可能影响受试者的行为。

4. 商业模式画布

	开发商业模式
	商业模式组成部分的开发和可视化
	最多 12 名成员，尽可能来自企业的不同部门
	商业模式画布模板，自粘式便签纸
	不一定，取决于待开发商业模式的数量

通过商业模式画布工具，借助专门的可视化与创造性技术，以及不同专题研讨会的模板，开发潜在商业模式的9个模块（客户细分、价值主张、渠道通路、客户关系、收入来源、核心资源、关键业务、重要伙伴及成本结构）。

此工具可用于项目的启动和执行阶段。由于各组成部分都强烈需要采取客户或用户的视角以及确定他们的需求，因此我将此方法收录在了设计思维过程的阶段1中。

潜在的商业模式

材料

- 一个或多个商业模式画布模板，打印成海报尺寸，来源：https://strategyzer.com/canvas/business-model-canvas。
- 便利贴（多包，不同颜色，相同大小）。

目标

任何想法都必须有一个行之有效的商业模式，方能持久和尽可能地吸引客户。借助好的商业模式实现一个差的创意，相较于不借助任何商业模式而实现好的创意，要容易得多。在此，商业模式画布有助于将成功的商业模式所需的所有基本要素整合到一个系统中。对于初创企业，由于其商业模式通常尚未完全清晰，人们可快速比较不同的模式。创新企业中的已有商业模式也有待进一步发展，以便获得关于企业在2年、5年或10年内如何运营的想法。

做法

商业模式画布由4个核心组件构成，它们反映了企业商业模式的基本主题。这4个核心组件分别是提供什么、为谁提供、如何提供及成本与收益多少。与其他工具不同的是，这4个核心组件又分为9个相互关联的模块。

商业模式画布的9个模块

接下来我将阐述此工具的9个模块及其核心特征，以及由奥斯特瓦德（Osterwalder）和皮尼厄（Pigneur）从企业或项目集角度出发提出的各个问题。有些模块是通过特定的辅助技术实施的，我将分别指出。接下来你将依次阅读模块1~9的内容。

模块1：客户细分（Customer Segments）

客户是所有企业的核心，失去客户的企业将无法生存。为了能够更好地服务客户，企业通常按共同需求、行为方式或其他属性对客户进行划分。因此，一家企业始终服务一个或多个大小不一的客户群体。在模块1中，应命名和筛选出企业想要联系或服务的不同客户或组织群体，以及想要忽略的客户或组织群体，就此企业可列举出多种客户群体。

- **大众市场：**无须区分客户群体，因此价值主张、渠道通路和客户关系都与同一个客户群体相关。
- **利基市场：**此处指特定客户群体，以便价值主张经由正确的渠道通路、借助正确的客户关系传达给潜在客户。
- **细分市场：**客户群体之间可能有相似性，但以不同的需求和问题为特征。
- **多元化市场：**企业可能有多个相互独立、截然不同的客户群体。
- **多维市场：**企业服务两个或两个以上相互依存的客户群体。

企业在选择某一市场后即可针对特定的客户需求开发商业模式。当出现下列情形时，客户群体代表不同的客户细分市场：

- 客户群体的需求有不同的（单独的）价值主张。
- 可通过不同渠道通路联系客户群体。
- 客户群体需要不同类型的客户关系。
- 客户群体在经济方面差异很大。
- 客户群体愿意为某一价值主张的不同方面或部分付款。

为识别客户群体，应回答以下问题：

- 我们要为谁创造价值或利益？
- 谁是我们最重要的客户？

模块2：价值主张（Value Propositions）

模块2描述了为某一特定的客户群体而精选出的产品和／或服务组合所体现的利益或价值（例如，解决一个问题，满足一个或多个需求）。这种特殊的利益或附加价值通常也是客户选择或拒绝所提供产品或服务的标志。价值既可以体现在数量上（如价格、成本最小化、可用性），也可以体现在质量上（定制化、外观／设计、舒适度）。

为描述价值主张，企业应回答以下问题：

- 我们为客户提供哪些价值？
- 我们帮助客户解决哪些问题？
- 我们满足客户哪些需求？
- 我们在各客户群体中提供哪些产品和服务套装？

用于构建这种“价值承诺”的方法是进行专门的客户采访，在采访过程中有针对性地询问客户需求和对设计的思考——借助阶段3（如6-3-5法）中创建的模板和创造性技术而产生，并记录在便利贴上。

模块3：渠道通路（Channels）

模块3包括所有的沟通、分销和销售渠道。借助这些渠道企业可与已识别的客户群体进行联系并与之交谈，告知其价值主张。渠道通路是与客户的所谓接触点，在客户满意度和客户体验方面有着十分重要的作用。

一共有5种渠道类型和5个渠道阶段，企业必须做出正确选择并使它们相互协调，方能创造良好的客户体验并将销售额最大化。企业面临以下选择：通过自有渠道（如销售部门、网络销售、自有门店）、通过伙伴渠道（如伙伴门店、批发商），或通过混合两种渠道来联系客户。这里也可对直接渠道（如内部销售部门、网站）和间接渠道（如企业拥有或经营的零售门店）加以区分。

对此，企业应提出以下问题：

- 我们应通过哪些渠道联系客户群体?
- 我们目前是如何联系客户的?
- 我们的渠道是如何整合的?
- 哪些渠道最有效?
- 我们如何将渠道纳入客户流中?

模块4：客户关系（Customer Relationship）

模块4描述了企业与某一客户群体发展并确立关系。企业可通过与众不同的方式（如个性化客户关系、个人的特殊支持、自我服务、自动化服务、社区、共同参与）维护其客户关系——从个人联系到自动化服务。

在此分析领域，企业应提出以下问题：

- 我们的客户群体期望与我们拥有何种关系？
- 我们如何建立与维护这种关系？
- 我们目前与客户拥有怎样的关系？
- 客户关系是如何被纳入我们的商业模式的？
- 客户关系的成本为多少？

模块5：收入来源（Revenue Streams）

模块5是企业从各个客户群体获得的收入。一个企业应提出以下问题：客户真正愿意为哪些产品或服务买单？企业若能回答此问题，就能在每个客户群体中开发出一个或多个收入来源。每个收入来源可能有不同的价格机制：标价、底价、拍卖、市场依赖度、产量依赖性或收益管理。

模块5的重点问题：

- 如何融资，包括在产生客户收入之前？
- 有无规划？
- 产品和／或服务的最高费用是多少？客户愿意支付多少金额？企业采取哪种价格策略？
- 各收入来源分别为总销售额做出多少贡献？

模块6：核心资源（Key Resources）

模块6描述了保障一种商业模式正常运行的最重要的资源。核心资源可分为物力资源、智力资源、人力资源、财力资源。核心资源为企业所有或租赁，也可通过重要伙伴获得。

- **物力资源：**机械、建筑、汽车、系统、网络。
- **智力资源：**品牌、知识、专利、版权、合作、客户数据库。

- **人力资源：**科学家、创意者、销售员。
- **财力资源：**担保金、现金、信贷额度、股票、股份。

企业应提出的重点问题：

- 企业在不同领域分别需要哪些核心资源？
- 哪些区位因素对于企业而言是重要的？
- （未来型）企业采用那种法律形式？
- 在企业中，谁负责什么任务，以及员工能力是否得到充分描述和证明（附上简历）？

模块7：关键业务（Key Activities）

关键业务是商业模式画布的第7个模块，描述了企业为保证商业模式正常运行而必须做的最重要的事情。例如，构建价值主张，获得市场，以及为产生收入而建立和维护客户关系。

企业应提出的重点问题：

- 企业在不同领域分别需要哪些关键业务？
- 哪些业务由企业自主进行？哪些需与伙伴合作进行？
- 实施前后的时间表是怎样的？

模块8：重要伙伴（Key Partnership）

模块8描述了供应商与合作伙伴的网络，它有助于商业模式的成功。以下问题在此处意义重大：

- 谁是重要合作伙伴？
- 企业从其合作伙伴那里得到哪些关键资源？
- 企业的合作伙伴从事哪些关键业务？

模块9：成本结构（Cost Structure）

模块9也是最后一个模块描述了商业模式的成本。关于成本结构的重点问题如下：

- 哪些是与你的商业模式相关联的最重要的成本?
- 哪些核心资源和关键业务成本最高?

参与者

为安排专题研讨会，应组建一支最多由12人组成的团队。团队成员应具备不同领域的知识和经验（如研发、创新、市场营销、销售、管理等）。

持续时间

持续时间取决于有关商业模式思路的数量及商业模式组成元素的类型。

做法

上述模块和活动应按1~9的顺序依次完成。为方便共同编辑和可视化管理，需要打印成较大尺寸的商业模式画布模板（每个商业模式思路一张纸）。内容可通过便利贴的形式粘贴在海报上。

其他工具

根据不同的商业模式组成元素，推荐采用如头脑风暴、创意技术、共情卡片或人物角色等工具。

优点

- 简单。
- 可直观理解。
- 可视化。
- 适合团队，能促进沟通。
- 相互关系清晰可见。
- 为制订商业计划奠定良好基础。
- 以客户和价值主张为导向。

缺点

- 模式简化。
- 各模块之间有时难以区分。
- 不涉及客户的客户，即未考虑真正的用户。
- 缺少竞争。
- 缺少趋势和环境。

TomTom案例分析：通过客户之眼获得新的见解

TomTom是世界领先的车载定位和导航产品及服务提供商。全球数以百万计的人们每天使用TomTom的导航设备，以便更快抵达目的地。这正是TomTom的目标——研制出帮助人们更轻松、更安全出行的创新产品和服务。TomTom始建于1991年，销售范围如今已扩大至40多个国家，全球范围内共有4 200多名员工。

业务必须被重新定义

数字化让TomTom面临迄今为止最大的挑战：传统的产品型谱已由网络解决方案替代。新一代的智能手机对业务产生威胁，因为许多应用程序都已整合了地图和导航服务。

TomTom必须重新定义其业务，其已在迅速增长的体育和健身市场——因接近其最初的核心竞争力、家用电器及GPS导航设备领域看到了商机。除最早一批的GPS手表，还有另一个利基市场，即所谓的运动镜头。这种镜头用于安装在头盔、冲浪板、汽车等物体上，以拍摄用户的运动，因此，相机必须小巧、便携及容易操作，但仍然需要配备以高清画质和广角捕捉世界的物镜。由于体积小，运动相机尤其受到极限运动爱好者的青睐——他们通过将相机固定在自己身上或装备上，记录探险过程。运动相机也用于电视机生产中。

解决问题的关键

一方面，这种运动相机的市场自几年前已不再变化（除了清晰度和帧率一直在不断提高）；另一方面，除了GoPro公司，该领域几乎没有竞争者。挑战仅在于仔细地研究这一市场，发现客户的需求。为此，TomTom组建了一支团队，专注于了解用户喜爱运动相机的哪些地方，制作短片时通常会出现哪些问题，以及人们最喜欢通过什么方式与其他人分享这些短片。

设计思维过程表明了制作这些短片的主要原因：人们想与他人分享和庆祝自己的活动和难忘的时刻。然而，由于很难甚至无法通过观看几小时的视频而寻找和剪辑出亮点，因此几乎没人费力气对视频材料进行分类，以便制作短片，何况短片的画质又较差且无法展现真正的亮点。意识到这一点，是解决问题的关键。

只专注于用户

经过设计思维过程第一阶段的若干观察、客户访谈等之后，新一代运动相机及其附属软件诞生了：成果是带有GPS（以便获取地点和速度信息）的TomTom Bandit运动相机，重力传感器（以便发现直线方向和旋转中的加速/减速和突然变化）与心率传感器无线连接（以便了解动作和肾上腺素水平）。

TomTom Bandit运动相机记录所有与视频同步的传感器数据。一种全新类型的、基于应用程序的视频编辑软件帮助用户快速、便捷地用应用程序制作短片。此软件在收集到的传感器数据的基础之上，几乎自动地从数小时的视频材料中生成亮点。因此，用户能够在一分钟之内处理自己的探险视频，并通过社交媒体的关联，在短短几秒之内与自己的粉丝和关注者分享。

公司项目主管艾尔诺·M.奥博贯努–泰姆佩尔（Erno M. Obogeanu-tempel）说道："我们从整个过程中学到，我们必须只专注于用户。只有当你走出去并了解用户真正的需求时，你才能够帮助他们穿上他们的鞋，走他们的路。只有这样，我们才能成功发明基于对用户愿望的认识之上的运动相机。他们需要的不是速度更快的、清晰度更高的运动相机，而是能够制作难忘而精彩的短片的运动相机。其实他们只想实现一点：成为人们眼中的英雄。如今他们有了合适的舞台。"

5. 情境调查

	调查研究
	调查用户在其日常环境中的活动和需求，从而获得关于使用情境及用户自然环境影响的认识
	观察员、用户
	笔记簿，可能用到相机、口述录音机
	长达数月

情境调查是一种现场调查，通过观察和询问来探索用户在其日常环境中的活动和需求，从而成功获得关于使用情境及用户自然环境影响的认识。

准备

准备一个结构化的访谈指南，以免忽视目标。

做法

- 步骤1：做自我介绍，并解释为何进行询问和观察。
- 步骤2：观察和询问在自然应用情境下工作的用户。观察用户解决典型任务的过程，询问他们对应用的评价，以及讨论他们处理任务的方式。
- 步骤3：在小卡片上写下关键词、结论、引证和重要观察结果，然后在小组中分享。在此过程中，请尤其关注可能与解决方案相关的结论。但是请注意，不要先采取行动，仅仅关注实际可观察的事物，不要进行评价！

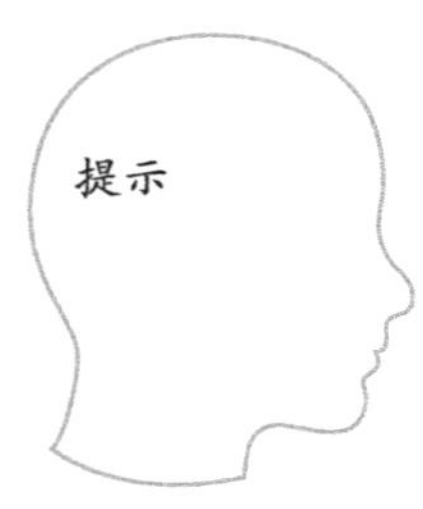

提问题

- 不要提导致固定回答的封闭式问题（能够以是 / 否回答的问题），最好通过开放式问题（为什么？谁？怎样）避免回答重复。
- 在提问期间仔细观察用户。
- 确定优化潜力并记录可能的解决办法。
- 数据收集和分析，包括隐藏在试验室中的部分：用户的自然环境对于应用的影响，对于制造品（如电子数据处理设备、工作器具）的研究，以及与同事、家人和朋友等的互动。亲和图可用于评估数据。
- 在分析过程中始终留意选出的问题并记录知识的来源（某些特征的可验证性和合理性）。

特点

动机和经验在此过程中发挥着比统计评估结果更大的作用。

优点

- 提供有关用户及其背景的知识。
- 以用户为中心。
- 可评估优化潜力。
- 评判可用性的基础。
- 要求直接来自使用情境。
- 调查者是日常生活的一部分，因此不再被当作外人。
- 获得有关隐藏在试验室方面的信息。
- 对于在相对复杂和特殊的环境中工作的用户而言有用。
- 有助于用户更好地理解。

缺点

- 长期研究，长达数月。

6. 客户旅程地图

	调查研究
	获得关于客户的新认知，确定改进措施
	设计思维团队
	客户旅程地图模板
	绘制草图需要 15 分钟，更详细的版本需要 30~60 分钟

借助这一工具，企业和生产商能够成功地与客户、员工及其他用户建立更多共情。通过观察和考虑客户的全面体验，该工具为获得关于客户的新认知提供可能。也就是说，客户的全面体验定义得越细致，你确定改进措施的可能性就越大。

建立共情

例如，我们假设你要创建一个网站。你可只关注产品特性本身——网站的设计或技术细节。然而，当扩展客户体验的调查问卷时，你可能发现许多其他的创新机会，如网站建设可能有十多个步骤（每个步骤都是一个创新的机会）。当感觉页面过于一目了然时，你可以主动地与你的客户商讨，你也可以帮助编辑文本，或者你负责排版，选择供应商，进行自主设计，等等。

客户旅程地图帮助你系统地思考你的内部或外部客户在接触到你的产品或服务时经历的所有步骤。我使用这个工具来对我从访谈和观察中学到的东西进行分类。

做法

- 步骤1：选择一个想要描绘的过程或旅程。
- 步骤2：记录下各个步骤。确保同时考虑到一些可能显得琐碎的小步骤。关键在于描述所有步骤，以便观察常常被你忽视的经验的细微差别。
- 步骤3：将这些步骤绘制在一张地图上。我们通常在一条时间轴上依次呈现这些步骤。此地图也可以包含分支，以表明客户旅程的替代路线。
- 步骤4：寻找令人大开眼界的事物。你看到哪些模式？有没有什么令人惊喜或意想不到的事物？请思考为什么某些步骤以特定的顺序出现，等等。
- 步骤5：考虑可能采用何种方式对各步骤进行创新。
- 步骤6：如果可能的话，向已经熟悉客户旅程地图的人们展示此地图并询问是否有遗漏，或者是不是有另一种顺序更有意义。

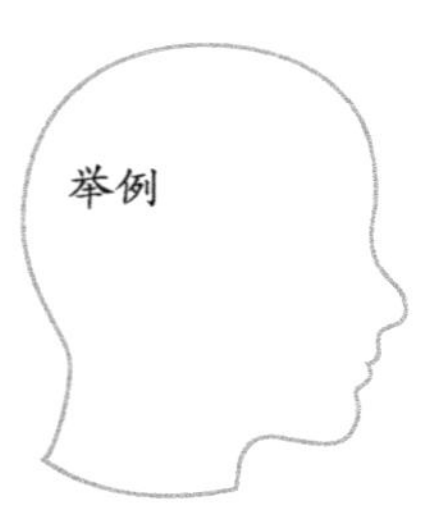

来自我日常咨询工作的一个实例：我曾为一家酒店创建过一个客户旅程地图。我们专注于从前台接待客人到客人走进自己房间的过程。目标是为客人打造从第一秒起就舒适的住宿体验。

- 步骤1：设想我们的客人在经历了疲惫的飞行旅途后，于晚间抵达酒店。接下来将发生什么？
- 步骤2：我们描绘办理入住手续的经典流程。迈尔先生在长途飞行后到达酒店。他很疲倦，想赶快进入房间。
- 步骤3： 我们将所有细节记入表格。
- 步骤4：我们想象自己正处于客人的境地。迈尔先生很烦躁，因为他其实只想早一点进入房间，他认为自己已经在预订时提交了所有信息。他这么做了吗？能采用其他什么方式筛选信息吗？可以缩短这一流程吗？

- 步骤5：我们设想一个替代场景。可根据不同的时间段，营造一种舒适的氛围来欢迎客人。接待人员可为他提供座椅和饮料，与此同时将他的行李送至房间。此外，可在预订时就问清楚，客人是否有用餐需要或有无特殊的需求或愿望（如在第二天早晨叫一辆出租车、接机服务等）。
- 步骤6：我们直接在前台请求客人给予反馈并将其整合到服务之中。
- 结果：预订咨询的数量在最初的几年间增长了30%，该酒店荣获“顶级服务奖”。

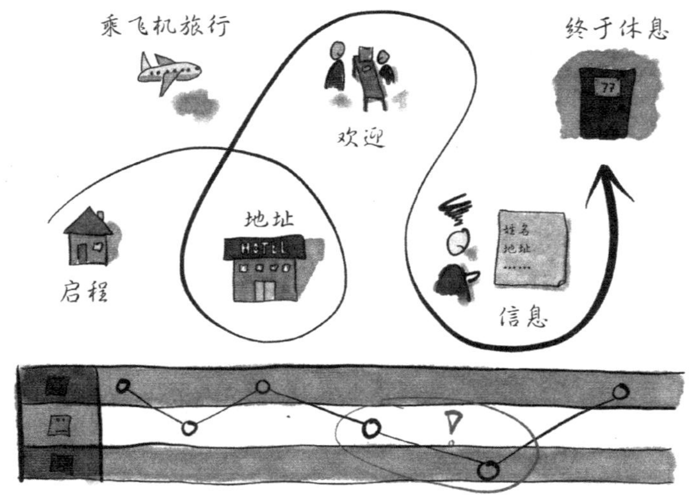

优点

- 清晰，一目了然，可随身携带。
- 有助于团队与客户迅速建立共情。

- 澄清客户的所有联系方式。
- 解读情感。
- 展示不同的客户群体。

缺点

- 容易将事情复杂化。
- 并非所有的客户都是一样的，这只说明了一小部分。

7. 案头调研

	调查研究
	收集许多有关项目主题的独立信息
	设计思维团队
	网站、书籍、杂志
	15 分钟至 1 天，取决于主题的大小

案头调研主要是从不同的来源（网站、书籍、杂志）收集有关项目主题的信息，即独立于项目参与者（消费者、股东等）的信息。因此，首先应识别关于项目主题和不同背景环境的所有信息。案头调研基本上可在整个项目期间使用——只要存在可深化的方面。此工具在项目初始阶段非常有帮助，有利于更好地了解整体形势。

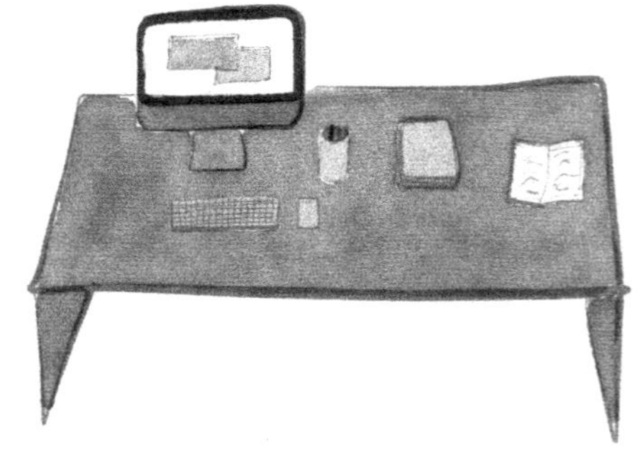

举例

来自我日常咨询工作的一个实例：一家大型银行想聚焦未来的客户需求。我通过案头调研开启此项目，因为我想收集有关银行和目标客户需求的一般信息。银行有一个专门推介投资理财产品的部门。银行过去通过中介开展这项业务，但如今想自己来做。

在案头调研的过程中，我确认了许多相关信息：即使在银行内部，该部门也鲜有人知。银行这一概念通常被理解为向客户提供金融服务的空间、界面和对象。借助此定义，我得以进行类比，以发现新的趋势和创新机会。

深入挖掘新鲜、有趣信息的决心比实际做法重要得多。此外，重要的是考虑可能的关联。例如，我在此项目的过程中，通过各式各样网站上的多个论坛和评论，发现了客户并不喜欢直接将自己的钱存入银行，因为他们觉得自己没有被特殊照顾。其中的一个原因是， 即使进行了预约，整个流程仍非常官僚和死板。我曾考虑过可能的类比，并产生了将在银行等待与餐馆客户视角相关联的想法。从这一角度出发，我得以衍生出成功故事。这些成功故事就已回答了上述问题，并将相应的解决方案在银行领域付诸实施。这样一来，客户一走进银行便可就座，并且有饮料供应，因此会立刻觉得自己受到了关注，感觉更加舒服。若客户经理还在接待另一位预约客户，则新到客户会收到尚须等待多久的信息。

做法

- 步骤1：根据项目内容构建具有不同主题的主题树。所需信息可取自初步调查数据。
- 步骤2：现在，通过开辟为项目相关领域提供信息的新来源和引证，进一步扩展主题树。

- 步骤3：将收集到的信息记录在见解卡片上，卡片需要涵盖以下内容：一个有说服力的标题、一个简短的说明、资料出处及调查日期。由于篇幅有限，只能记录最重要的内容。
- 步骤4：通常会在阶段2——设计思维过程的定义问题阶段——对上述卡片进行分类。这些信息与其他信息的重叠可以确定模型和可能性，以便在之后各阶段进一步检查。

初级调研：直接从信息源收集数据的调查研究（如访谈）。

次级调研：动用第三方信息的调查研究（如报纸、杂志）。

优点

- 快速了解全局。
- 开支少，费用低。

缺点

- 缺乏说服力。
- 信息可能过时。

8. 共情卡片

目标群体分析

共情卡片适用于系统地分析客户需求，并支持以客户为中心的商业模式的构建。共情卡片特别注重从不同视角观察客户的任务、要求和价值观。共情卡片也可在专题研讨会上由直接或间接的利益相关者创建。

共情卡片的创建非常适合分析潜在目标群体及客户的需求，并在此基础上将商业模式的其他模块具体化（如价值主张、渠道通路、客户关系和收入来源）。此工具超出了潜在目标群体人口特征的范畴，试图创建特殊的“客户简档”，以指导商业模式各组成元素的形成。此工具可作为商业模式画布的一部分使用。与之近似的工具是“人物角色”（工具19）。

做法

- 步骤1：根据人口特征（如年龄、收入、家庭状况、宗教等）创建不同的客户群体。这可能已在主题研讨会前作为准备工作完成了（或许是与市场研究一同完成的），或者在共情卡片创建初期通过头脑风暴（法）而提出。
- 步骤2：至少选出三种有代表性的客户，并分别将自己置于他们各自的情境之中。
- 步骤3：参与者为每个人创建共情卡片的主题领域，并用便利贴填充各个部分。
- 步骤4：提出以下问题：
  - 客户在其周边环境中看到什么？
  - 客户的周边环境看起来是怎样的？谁围绕在客户身边？谁是他的朋友？客户每天获得哪些供给，又面临哪些问题？
  - 周边环境中什么对客户产生影响？（他听到什么？）

- — 客户的朋友或合作伙伴是怎么说的？谁真正地影响客户？以什么样的方式影响？哪些媒介渠道的影响力较大？
- — 客户在想什么？（他真正思考和感受着什么？）
- — 对于客户而言，什么是真正重要的（即使没有公开承认）？哪些感受能够打动他？什么让他夜里辗转难眠？他有什么样的梦想和愿望？
- — 客户在公共场合的言行举止如何？（说些什么？做些什么？）
- — 他有怎样的看法？他会如何评价他人？客户的语言表达和内心感受之间是否存在差别？
- — 客户生活中的消极方面包括哪些？
- — 最让他感到沮丧的事情有哪些？在他与自己想要或必须实现的事情之间，存在哪些阻碍？他可能畏惧哪些风险？
- — 客户生活中的积极方面包括哪些？
- — 客户想要或必须实现什么？他如何衡量自己的成功？他借助怎样的策略获得成功？

- 步骤5：与团队讨论你的见解，并用便利贴记下其中最重要的内容。

优点

- 入门障碍少、风险小。
- 操作简单。
- 快速与目标人物建立共情。
- 商业模式持续对焦客户简档，有助于发展更具有持续性的商业模式。

缺点

- 仅描述和描绘显而易见的客户需求，无法展现购买决策的隐含驱动因素。

9. 共情地图

	调查研究
	深入并结合情境理解客户、员工和用户
	设计思维团队
	模板
	约 20 分钟

产品的设计或现有创意的改进不是始于产品或创意本身，而是来源于用户。借助共情地图，你能清楚地知晓用户的言论、想法和感受。通过加工收集到的信息，你将了解处于各自生态系统中的用户或客户。

目标

此工具的目标是深入了解客户、员工、合作伙伴等在与各自情境相关的生态系统中的情况（例如，与一项产品或服务有关的购买决策或经历）。此练习可简单也可复杂，全凭你的意愿。你应该能在大约20分钟内创建一个共情地图草稿，前提是你足够了解想要调查的人或情境。首先，当你感到难以理解利益相关者时，共情地图能够帮助你辨认自己的理解漏洞，以及深刻理解尚不熟悉的事物。

做法

- 步骤1：画一个圆圈代表用户，然后在里面写下姓名、职务等

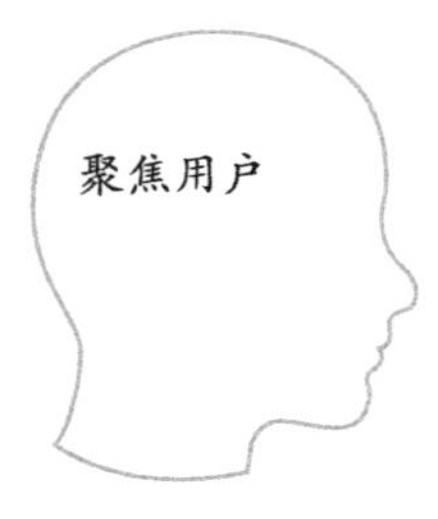

信息。你最好在创建共情地图的同时留意具体的用户，这样更容易集中注意力。然后画一个头来代替圆圈，并添加一些细节。也许你想画上眼睛、嘴巴、鼻子、耳朵，以及眼镜或发型。这些简单的细节并非任意的补充，而是帮助你更加设身处地地为用户着想。

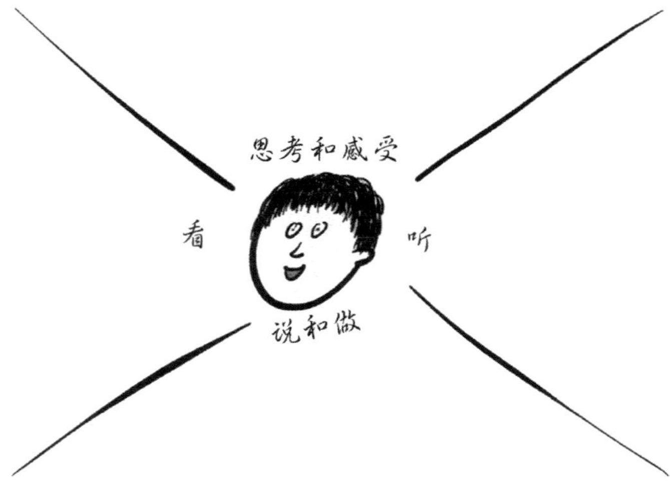

- 步骤2：想出一个有关此用户的问题。为了更好地了解情况以及他的生活，你能够问些什么？若你希望能够理解某个特定的购买决策，则可以问："我为什么要买××呢？"
- 步骤3：将圆圈分为多份，分别展示此用户感官体验的各个方面。他在思考什么？感受到什么？说什么？做什么或听到什么？在图上的相应部分标明。
- 步骤4：现在是时候开始此练习的共情环节了。尽可能地试着将自己置于此用户的情境之中，理解你想要研究的情境，然后开始用真实的、明显的感官体验填充此图。例如，当涉及"听"的部分时，你要思考此用户能听到什么，他应该怎样听。在“思考”的部分，你要尝试用适当的表达方式描述想法。不要对任何人说出你的想法——重点在于真正地理解和感同身受，以便开发出更好的产品、服务等。你还应考虑用户可能遇到的挑战以及可能的愿望。

- 步骤5：请求其他人完善你的共情地图并添加可能的细节。与实际用户的认同感越多越好。随着时间的推移，你将培养理解他人、与他人感同身受的能力。这又能帮助你改善与他人的关系及改进结果。

优点

- 视角变换。
- 认识到真实的需求。

缺点

- 结果是未经检验的假设。
- 不能代替对话。

10. 时期卡片

	调查研究
	在回顾中认识到变化和变化模式；识别进一步发展的可能性
	设计思维团队
	笔和纸
	20 分钟至两小时

通过回顾取得进步

时期卡片为待研究的情境提供历史视角。其重点在于了解事物是如何随时间的推移而变化的，以及认识到作为基础的变化模式。该卡片提供关于情境的完整图像，并帮助团队思考事物在未来的景象，以及哪里可能存在进一步发展的机会。时期卡片强调每个相关时期的关键特征，并明确每个时期与其他时期的区别。

做法

- 步骤1：定义需跟踪的属性和时期。值得观察的属性包括随时间推移产生的行为变化、科技的发展，以及在不同时期扮演过重要角色的高影响力人物等。确定卡片应涵盖的时期。选择你想要倒回的年份，以便清晰区分不同的时期。
- 步骤2：探索历史情境。调查所选的时间段里发生了哪些事情并指出重要事件。概述所选属性随时间推移发生的变化。寻找能够为收集历史情境信息做贡献的工业专家、历史学家、教授等人物。但你也应该想到，时期卡片是用于比较不同时期的概要卡片，因此，请在寻找过程中确保信息不要过于详细，也不要过于笼统。
- 步骤3：将卡片可视化。拿一张纸，在上面画一条时间轴。将收集到的信息沿水平时间轴排列。思考应如何有意义地划分时间（例如，按社交网络化等快速转变的时间进行划分，可能比每十年划分一次更有意义）。将在步骤1中识别出的不同属性设为横向标记，以便描述跨越时间的变化。寻找切分时间轴的模型。
- 步骤4：定义不同的时期并标注在时间轴上。在垂直轴上清晰地画出相应内容。描述并标注特定时期每一段的特征。

例如，一个沟通项目可被概括为“电报时代”“电话时代”“网络时代”。

- 步骤5：后退一步并在团队中研究时期卡片以寻求新的认知。讨论并提炼关于已识别时期的有趣认知。你能够发现什么？每个时期分别有什么特征？未来的机会有哪些？总结所有的认知，作为时期卡片的附加信息。直接在卡片上做笔记和注释。为保持条理清晰，请仅采用关键词。

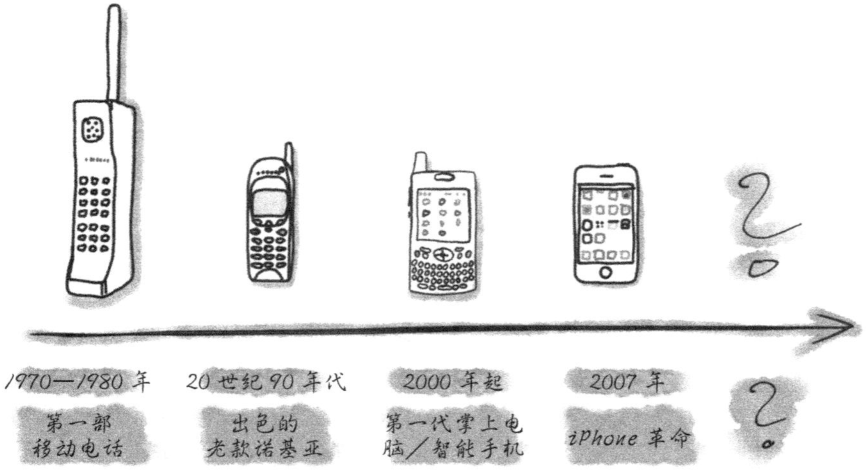

优点

- 不同的时期有不同的特征，这些特征随时间推移而变化。
- 可获得关于发展的良好概述。
- 信息排列有序，可快速、简便地取用。

缺点

- 假设需要验证。

11. 极端用户

 发现创意

 找出解决方案和与之相关的关键问题

 用户、观察员、设计思维团队

 笔记簿，可能用到相机

 20分钟至几小时

借助极端用户工具，你可从与他人的访谈中获得创意输入——这些人要么非常熟悉核心问题，要么完全不了解。新的解决办法由此产生。不同的人群也可通过此工具测试新的产品或服务。

从用户体验中学习

做法

- 步骤1：寻找待研究领域的专家或对此毫无概念的人。与团队成员共同思考，有可能在哪些地方找到这些人。
- 步骤2：向这些人提出开放式问题。你无须事先创建指南，让答案来引导自己。
- 步骤3：留意人们说的话，但也要观察肢体语言。什么引起了你的注意？这些人说了什么？当你向非专家提问时，他们把什么与专业概念联系到一起？哪些内容是新的？
- 步骤4：记录核心陈述，与团队成员进行讨论。

优点

- 成功率非常高。
- 新的观点将被纳入解决方案。

缺点

- 非常耗时，尤其是在准备阶段。
- 可能引起相对较高的人员访谈费用。

12. 待办任务

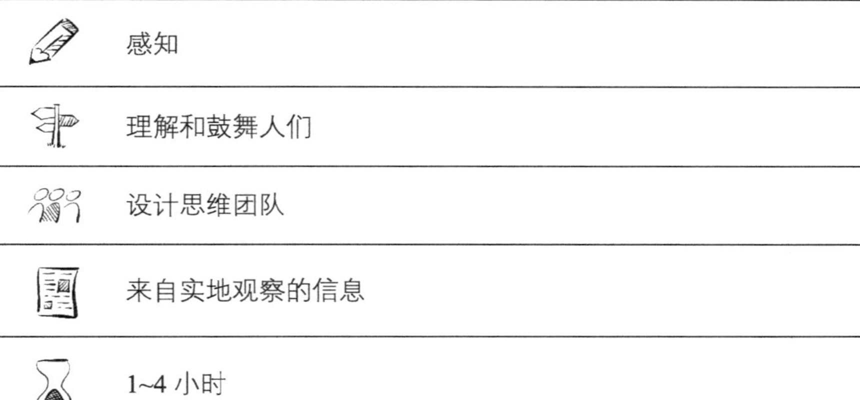

	感知
	理解和鼓舞人们
	设计思维团队
	来自实地观察的信息
	1~4 小时

待办任务，即必须完成的任务（Jobs to Be Done，JTBD），能帮助你超越标准，改善现有解决方案。JTBD并非产品、服务或特定的解决方案，而是鼓舞人们购买某种产品、服务或解决方案的工具。

待办任务的一个示例：大多数人购买草坪修剪机是为了割草。但当企业有意识地进行深入了解，思考购买草坪修剪机的真正原因可能是什么时，答案必然是保持草矮而齐，以便草坪给人留下整洁的印象。 这就是待办任务。如果当初根本没有发明草坪修剪机，而是研发出了一种永远无须修剪的草的种子，那会怎样呢？

把解决问题作为客户购买动机

客户总是在想要解决某个任务时才会选择一项产品或服务。除了明确的产品功能，企业还需理解客户更深层次的情感或个人任务。“如果我当年去问客户他们想要什么，他们肯定会告诉我需要‘一匹更快的马’”，亨利·福特一语中的：询问客户的愿望是不够的。极少数人能够跳出已有认知的禁锢而思考解决方案。大多数人谈论的是日常生活中遇到的问题、挑战和困难。

JTBD概念真正的威力在于理解客户其实不是要购买产品或服务，而是需要满足自己需求的解决方案。大多数企业按照客户人口统计数据或产品特征划分市场，并通过功能和附加特性区分自己的供给。JTBD采取另一种方法：关键在于“争取”客户提出的任务，寻求更好或更高效地解决问题的方案。

当你了解客户希望解决哪些任务之后，你将获得新的市场认知并创造可持续的发展策略。针对某个任务，有时根本不存在好的解决方案。当这种情况出现时，你就获得了创新的大好机会。

行网校园版案例研究：为大学生就业出谋划策

行网想要提升对于大学生的吸引力，于是推出了“校园版”——提供有关学业和职业选择等主题的内容和信息。基于DACH德语区内成千上万的用户档案资料，大学生可查到不同专业的毕业生从事了哪些职业。行网分析了约700种职业，并分别阐述了它们的典型任务及应聘条件。

此外，会员能够浏览约2 300条岗位信息，已经有用户通过这种途径找到了工作。会员还能看到某种职业在哪些城市比例过大。行网校园版还将薪资标准纳入其中。不仅如此，大学生还能在行网的就业平台上找到实习或毕业设计的机会。

行网如今采用了JTBD概念，以便了解大学生的需求：他们希望毕业后立即找到一份待遇优厚的工作——这是JTBD的功能方面。另外，从事的工作也应当有未来（个人维度）、有意义，并且满足不同的偏好。一个解决方案满足上述所有方面的程度越高，行网校园版提供的服务在市场上获得的机会就越好。

JTBD恰好能实现这一目标：行网成功地跳出了现有解决方案的束缚，因而让竞争对手的方案显得陈旧。

为什么JTBD如此成功：三位一体的大脑

我们的大脑分三个部分：爬虫脑、情绪脑和理性脑。爬虫脑与我们的生存及生理需求有关：我们在饥饿时吃东西，感觉受到威胁时战斗或逃跑。情绪脑受边缘系统的控制，负责应对我们在生命中遇到的诸多挑战。理性脑位于新皮质，是大脑中负责逻辑、方法和分析的部分。

心理学家发现，当大脑的三个部分发生冲突时，爬虫脑优先于其他两个部分。当情绪脑与理性脑发生冲突时，通常是情绪脑获胜。因此，人们常常做出糟糕的、情绪化的决定，然后寻找理性缺席的证据，为自己辩解。

这对于想要创新的企业而言有何意义呢？企业应制定涉及大

脑所有三个部分的解决方案——主要是情绪脑和理性脑，但也应考虑到爬虫脑。因为生活不可能一帆风顺，企业必须找到能够应对危机和绊脚石的解决方案。

行网通过它的校园版实现了这一点：当一些企业以更好的用户界面或更加吸引人的方式展示招聘广告时，行网却抓住了大学生的真实需求。

做法

- 步骤1：识别焦点市场。可采用下列组织性增长策略识别市场：
  - 核心增长
  - 就业增长
  - 破坏性增长
  - 新型增长

核心增长是未实现的结果与客户希望完成的工作的碰撞。例如，客户想把果汁倒入杯中（希望的结果）而无须承担洒出果汁（不希望的结果）的风险。因此，果汁瓶可能被重新设计。这是最简单的创新途径，因为它完善了现有的解决方案。与之相关联的就业增长则是下一个简单的创新途径，包括了涵盖不止一个主要或类似JTBD预期结果的捆绑解决方案。星巴克就是一个范例。例如，在星巴克，客户可以饮用含咖啡因的饮料，但也有其他健康选择，同时还可以免费上网、学习或看书。关键在于关注这种密切关系：客户想喝咖啡，但也想看书、上网或和朋友闲聊。

破坏性增长比之前的增长更难以实现。必须拓展解决方案的空间，以便确定不同的JTBD。例如，宝丽来生产商必须在研发出数码相机之后为其寻找新的用途。JTBD不再只是拍照，而是捕捉精彩时刻和讲述故事。破坏性增长通常有助于特定人群，但这样的解决方案并非对所有人都同样适用。

核心增长和破坏性增长策略着眼于现有的JTBD，新型增长及与之相关的策略则聚焦新的JTBD的增长。核心增长及与之相关的增长策略涉及已有客户，而破坏性增长和新型增长则用于寻找和服务新的客户。

- 步骤2：确定客户想要解决的问题。现在，你必须研究你的客户，发掘他们想要解决的问题。为此，请自问，哪些任务能提供好的解决方案，哪些不能提供好的解决方案。当你看到客户如何将这些解决方案聚集到一起时，这已是对创新的一个了不起的提示。研究客户有多种方法，其中一些你已经了解。
- 步骤3：将应完成的任务进行分类。这些任务可能包括主要任务和类似任务。一些任务与其他任务相关联。没有万能的解决方案——你必须注意，哪些是适合你的，并且对于你所属的行业有意义。
- 步骤4：进行具体的任务说明。这步将用于描述JTBD。这种说明的主要组成部分是解释行为即任务内容。“寻找一个新任务”就是这样的一种说明。“为此我应具备哪些技能”是这种说明的另一个示例。
- 步骤5：对JTBD进行优先级排序。客户想要完成的任务有上百种。但其中的哪些任务能为你提供创新的最佳机会呢？在大多数情况下，这些任务都还没有与之相应的好的解决方案。你通过对JTBD进行优先级排序，思考客户对于现有解决方案的满意程度，以及新的解决方案可能具有怎样的潜力。你可以采用不同的评价和评级系统，以对JTBD进行优先级排序。

优点

- 有助于了解客户真实的价值主张。
- 识别用户取得的进步。
- 关注人及其成果和需求，而不是解决方案。
- 考虑用户环境。
- 为多种订单进行优先级排序。

缺点

- 没有确切的描述，只有笼统的概述。
- 可能存在偏见和片面的看法。

13. 相机日志

	分析
	解释产品的优势和劣势
	客户、设计思维团队
	多台相机（智能手机的拍摄镜头也可）、笔记簿
	几天至数周

用户个人印象的可视化文献有助于你在产品使用过程中发现可能的优势和劣势。该工具被用来在产品使用过程中捕捉和分析用户的印象和行为模式。

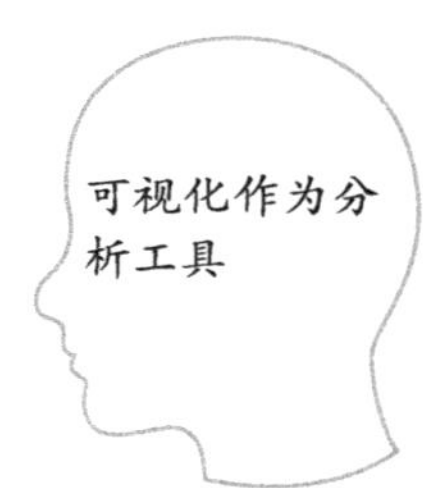

做法

- 步骤1：识别最终使用者和用户。
- 步骤2：请求上述人员通过图像和语言记录自己在产品使用过程中的印象、情形和活动。
- 步骤3：请求所选人员也一并记录下其他相关的活动、事物和环境。
- 步骤4：在收集到的信息的基础上，在小组内部讨论和分析行为模式。由此可发现产品使用过程中的优势及可能的薄弱环节，以及得出适用于自己的项目的相关信息。

优点

- 提供有益的、来自用户视角的可视化个人印象。
- 用户感觉不到自己被观察。
- 用户能够在个人环境中使用产品。
- 让人较好地了解使用环境和用户环境。

缺点

- 准备阶段比较费力。
- 需要详细的用户入门指导。

14. 卡片排序

	调查研究
	弄清对于用户而言什么最重要
	设计思维团队、用户
	主持卡片
	约 20 分钟

这一简单的练习将帮助你快速、轻松地讨论和识别，对于用户而言什么是最重要的，你应为此制定解决方案。你也可利用此工具深化关于价值观的对话。

做法

- 步骤1：根据你的主题领域，选出与你相关的以及你想要进一步探讨的概念。
- 步骤2：从这些概念出发，创建一个针对你的提问的纸牌游戏。在游戏过程中，你为每个概念选出一个词语或一个象征性的图像，然后分别写 / 画在一张卡片上。请使用主持卡片或较大一些的便利贴。确保你选出的内容简单易懂。当与你交流的人使用不同的语言或无法阅读时，图像往往是更好的选择。
- 步骤3：确保选择时兼顾具体和抽象的词语、图像或想法。当不限于使用单一的简单排序方式时，你便能够了解到访谈对象的诸多价值观。
- 步骤4：现在，请将卡片交给你制定的解决方案所针对的人，然后请求他按照重要程度为卡片排序。

  - 变化形式：请对方按照正确性而非偏好进行排序。结果可能出乎你的意料。
  - 创建不同的场景：询问对方，如果他拥有更多的钱，年龄再大一些，或者居住在一个更大的城市里，他会如何为卡片排序。

- 步骤5：收集结果，在调查过程中记录重要认知，并在小组内部进行交流。

优点

- 能表明用户的观点。
- 为良好的沟通奠定基础。
- 有助于与访谈对象建立关系。

缺点

- 准备阶段比较耗时。
- 若概念模棱两可，则很容易引起混淆。

15. 杀手问题

	分析
	弄清用户真实的需求和挑战在哪里——超越时刻
	设计思维者、用户
	笔记簿
	约 30 分钟

有效的回答需要有效的提问

设计思维者是无情的提问者——因为他们知道，只有提出正确的问题，他们才能了解用户真实的需求和挑战。然而，问题往往是孤立且毫无灵魂的。它们是对过去的“抓拍”而非未来。问题应该让受访者思考，他在此刻想做什么、不想做什么，真正迫切要做的是什么。问题不能过于浅显和含糊，因为你要激发对方的想象力。

因此，杀手问题应是开放的、挑衅的、骇人听闻的，这样才能见效。这样的问题能够让你以一种全新的方式分析已知事实。

有关产品和服务的问题：

- 为了无情地超越最重要的竞争对手，我们必须对产品做什么？
- 为使我们的产品 / 服务过剩，我们的竞争对手可能会做哪两件事情？
- 如果你必须为年度最烦人的项目选出两个产品 / 服务，你会选哪两个？为什么？

有关客户的问题：

- 我们怎样才能帮助客户通过使用我们的产品 / 服务而挣取更多的钱？
- 我们可以使用140个字符通过推特迅速获得100名新客户。什么样的信息能使我们成功？

向客户提出的问题：

- 作为客户，什么样的产品/服务能够打动你，使你忽略我们所有的竞争对手，百分之百地信赖我们？
- 为了使你忽略我们且百分百地信赖他们，竞争对手可能为你做哪三件事？

做法

- 步骤1：选择一个让受访者感到舒适和安全的环境。
- 步骤2：通过解释你需要这些答案的原因以及发生在他们身上的事情，与受访者建立信任关系。请同时保证绝对匿名。
- 步骤3：提出准备好的问题并记录答案。请留意受访者的肢体语言和你自己的感受。
- 步骤4：对模棱两可的回答进行追问。

优点

- 创建良好的讨论基础。
- 促成新的观点。
- 更容易获得真实的想法和感受。

缺点

- 容易失控。
- 为获得好的答案，必须提出好的问题。
- 要求拥有丰富的经验。

16. 认知演练

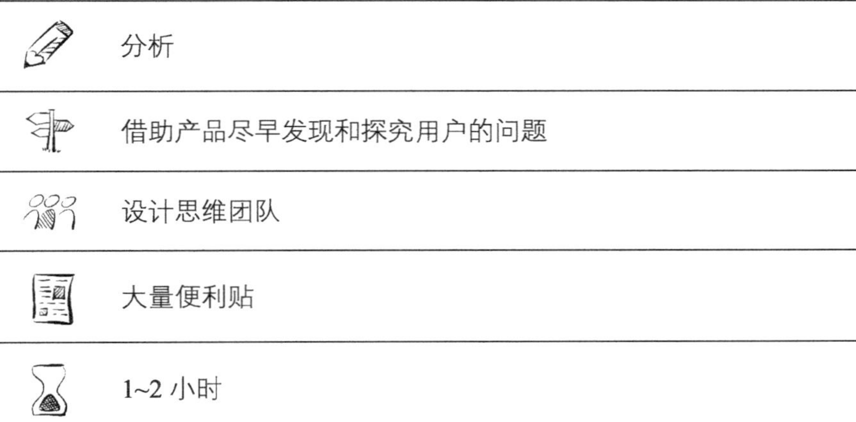

识别产品要求

认知演练（仔细思考问题）在无受试者的情况下进行。相比于对某一具体产品的评估，此工具更多地关注用户在模拟情境中使用产品时的心理过程。此工具在20世纪90年代诞生于认知科学界。认知演练的基础是人们通过学习而理解知识。一项产品越容易被“探索式”地理解，它就越容易为用户所使用。

该工具通过鉴定师、专家等假设用户，评定各种产品（如系统、网站、商品等）的用户友好性，以及识别用户可能遭遇问题的领域。该工具的目标是尽早地发现问题并找出原因。

做法

进行认知演练时，建议将1~5名专家作为假设用户，分别处理针对某一产品预先定义的任务。从用户的视角完成这些任务，并检验用户的行为是否与“理想”的解决途径相一致。

- 步骤1：定义输入。该步骤将针对假设的用户及支持实际产品的任务进行特定的预先工作和思考。此步应提出以下问题：
  - 谁将使用待开发的产品？
  - 用户需具备哪些知识和经验？
  - 在用户应处理的重要且真实的任务当中，哪些可能被识别？

应为每个识别出的任务确定对用户而言最理想的解决途径。当有多条解决途径时，用户通常选择最常见的途径。通常需要多条途径对任务进行检查。此步骤以对各步骤或用户体验的描述而告终。

- 步骤2：专家借助各个步骤，找出正确的解决途径。采取的每项措施均须注意下列前提和结果。
  - 用户会设法达到真正的效果吗？用户可能知道应获得哪些效果，因为：

◎他拥有使用产品 / 系统的经验

◎他知道产品 / 系统的要求

◎这是原始任务的一部分

— 用户会察觉到正确措施的可用性吗？用户可能知道某项措施是可用的，因为：

◎经验

◎他看到了执行机会（如菜单选项）

— 用户会将这一正确措施与想要获得的效果联系起来吗？用户可能建立措施与效果之间的联系，因为：

◎界面会给出这种关联提示

◎所有其他措施都不如该措施有效果

— 当正确措施已执行时，用户会看到这一进展吗？用户可能相信一切均按计划进行，因为：

◎经验

◎他发现了措施与进展之间的关联

- 步骤3：无论如何都不能改变已确定措施的执行顺序，否则将不能理解各个步骤和已出现的问题。如在分析期间出现严重错误，则是已完成的产品变更引起的，应该继续已经开启的途径。出现的问题（如错误操作），以及用户为成功完成操作步骤所需的经验和知识，应被记录下来。
- 步骤4：此步骤将得出改进建议，解决可能出现的操作难度问题。此处也可能再次出现步骤2中所提到的四个问题。

— 用户未设法达到真正的效果。可能的解决方法包括：

◎通过系统或与其他措施合并，弃用该措施

◎可提示用户应采取哪些措施

◎可改变界面的另一部分，以明确采取此措施的原因

- 用户未察觉到正确措施的可用性。可能的解决方法包括：
  - ◎更清晰地演示必需措施（突出强调按钮，将链接置于中央）
  - ◎重新命名按钮和菜单选项
  - ◎去除冗余信息，以便必要信息一目了然
- 用户没有建立正确措施与期望的效果之间的联系。
  - ◎为控制元件贴上更明确的标签，必须反映现实的任务元素
- 用户未得到有关他的（成功）措施的反馈。
  - ◎提供反馈，以便用户了解发生的情况
  - ◎直接提供任务的下一个合乎逻辑的工作步骤

优点

- 成本低。
- 可快速、简单地实施。
- 在开发早期就可投入使用。

缺点

- 由专家进行测试，而不是真正的用户。
- 需要为每个任务分别进行认知演练。

17. 心智模型

 分析

 了解用户的日常生活、行为和行动过程

设计思维团队、访问者、受访者

记录装置、笔记簿

一小时至几小时不等

通过访谈，你了解了客户和用户的行为方式和需求。然后，你可通过一张图表呈现这些内容并将其作为人们实现目标或处理任务的步骤。由此，你可了解他们的日常生活、行为和行动过程。你将获得人们实现目标或处理任务的宝贵见解。最后，你将更好地了解各种各样的需求，并能够清楚地将其展现出来。最后的成果是分析情境复杂性的心智模型。基本上来说，心智模型是我们为理解外在现实所使用的一种内部演示，它尤其有助于理解复杂性。心智模型帮助我们找出最适合的内容，以便根据需要创建特定的情境。

从访谈获得宝贵见解

做法

- 步骤1：定义你想要研究的问题。提出一个不太具体的问题——否则你会无意识地将参与者的答案引向某一焦点。
- 步骤2：选择合适的参与者。
- 步骤3：在访谈过程中使用一种记录装置。但请不要忘记，关键并不是人口统计数据或市场营销相关信息，而是行为方式。
- 步骤4：在访谈过程中注意正确的提问技巧。请提出开放式问题（不是关注产品和细节，而是关注行为方式），并避免诱导性提问。访谈是聊天，而不是审讯！请在交谈过程中做笔记，以便随后能继续提问，而不会打断受访者。
- 步骤5：分析音频记录和你的笔记。请有意识地寻找重要的见解、特殊的行为方式及引人注目的陈述。
- 步骤6：请制作一张心智模型图——在一大张纸上画一个矩

阵。将矩阵分成不同的象限，即所谓的“心智空间”，各部分相互分开。再在各象限中寻找共同点，将象限分为几个更小的工作组。最后，在小组内部讨论此图并得出结论。

优点

- 既提供概览信息，又提供细节信息。
- 尤其有助于与过程和服务相关的项目。
- 你将获得关于流程的基本理解。
- 可能更容易跨部门联合利益相关者。
- 借助此工具，你将为怀疑派针对较高预算做决策打下坚定的基础。
- 团队成员和利益相关者获得与他们用户的同感。
- 促进对新观点的接纳。
- 鼓励讨论。
- 作为“人物角色”（工具19）的基础。
- 成果持久，有时甚至能长达数十年。

缺点

- 昂贵。
- 实施和分析过程费力。

18. 个人盘点

	调查研究
	置身于用户的环境及其工作中，发掘想法和价值观
	用户

目标群体的个人物品

30 分钟至 2 小时

此工具不仅容易实施，而且将为你打开惊人发现的大门——即使参与者自己也不尽了解这些发现。为此，你必须记录某个人（群）的个人物品的类型及在其熟悉的环境中的位置，以便能更好地将自己置于他（们）的环境之中。通过这种方式，你能够快速、简单地发现某个用户的工作、想法、价值观和模式。

做法

- 步骤1：识别和定义你想要设身处地为其着想的人。
- 步骤2：请求这些人向你展示他们的需求、优先事项和工作，然后你将这些内容记录在一个“库存列表”中。
- 步骤3：向用户询问他们觉得特别重要且日常生活中频繁使用的个人物品。
- 步骤4：记录这些个人物品的类型及在用户生活的环境中的位置。
- 步骤5：根据“库存列表”定义不同的生活方式。在小组内部对此进行讨论。

优点

- 设身处地为用户着想。
- 接近用户。

缺点

- 容易出现错误的阐释。

19. 人物角色

	分析
	对典型使用者 / 用户的令人信服的全面描述
	设计思维团队
	一个木偶、杂志、便利贴、人物角色模板
	30 分钟至 2 小时

请你评价这一典型描述：

- 男性
- 60岁以上
- 已婚
- 有两名已成年子女
- 居住在大城市

你一定会立刻想起自己周围符合该描述的一些人。我敢肯定地说：上述信息适用于全世界数十亿人！因此，你也可以将查理王子和奥兹·奥斯本添加到这一目标人群描述中。但这些男士除了具有同样的社会人口属性，也许再无其他的共同点。我们对用户的要求、需求和愿望了解得越多，产品研发绕过用户的风险就越小。

人物角色工具恰好有助于此：你将获得对于目标 / 用户群体的全新看法。你将更好地了解潜在用户。你可借此获得和关联各种性格类型的用户描述，作为你的经历和研究成果。人物角色工具通常与应用场景相结合。

做法

最好为每个项目创建3~5个人物角色。为此，你应在准备阶段就开始对目标 / 用户群体进行全面的数据收集和分析。样本容量和费用取决于所选的数据收集方法。

- 步骤1：开始收集你所知道的关于客户的一切信息，并按照有意义的模型对你的发现进行分组。
- 步骤2：为你分好的每个小组分别起一个名字，并将其写在便利贴上。这将帮助你发现：你的客户所属的不同行业、他采用的技术、某人于某个时间段在何处等。由此出发，你可提出有关客户的问题并在小组内部确定答案。
- 步骤3：例如，一个任务角色应包含以下信息：姓名、人口统计数据（年龄、性别、家庭状况、家庭规模、受教育程度、职业、职务、行业、收入）、长相或人物照片、兴趣、偏好和爱好、技能、经历（个人经历和职业经历）、日常任务（包括工作以外的）、反感的事物、总体态度（有责任心、缺乏耐心、安静等）、人物目标、期望（对于产品的）、面对供应商或客户的角色等。
- 步骤4：然后，你在各类别中寻找构建共同集群的“真实存在的”人——在你的现有客户数据库中或通过调查寻找，然后直接与他们对话。通过这种方式，你直接向你的客户学习，并得以亲自接触你的目标客户群体。最恰当的方式首先是亲自拜访。如果无法拜访，你应请求进行视频聊天。你能够观察和捕捉到的越多，整个人物角色就越真实。
- 步骤5：分析你的成果并寻找更多模型和共同属性。
- 步骤6：当你确定多个人物角色拥有许多共同属性时，请对此进行总结。但当存在许多区别时，你最好将这些人分成两组。

- 步骤7：人物角色的创建是一个迭代的过程。第一眼看上去正确的事物，再看时可能就不正确了。

优点

- 提升团队的共情能力，帮助团队接受用户观点。
- 帮助研发团队理解用户。
- 用户自动处于焦点位置（以用户为中心）。
- 有关财务和人力资源的决策不再基于（纯）主观评估，而是基于获得的数据。
- 在数据已知或通过用户跟踪等类似方法获得的情况下，费用相对较低。
- 满足日常要求，而不是单个（利益相关者）愿望。
- 更好的优先级定义：研发工作可能与人物角色相关，从而获得更高的优先权。
- 有助于减少持续进行用户测试的需求。
- 作为结果，人们获得较有说服力和全面的典型用户描述。
- 普遍适用（每个参与者都了解人物角色）。
- 项目团队可从用户视角开展讨论。

缺点

- 只显示用户部分属性。
- 描述不够准确。
- 观点片面和印象刻板。

20. PESTLE技术

	分析
	战略规划，支持商业模式、愿景的发展
	设计思维团队
	便利贴
	1~2 小时

环境对企业的发展起着决定性作用，但极少受到企业本身的影响。为了能及时对环境做出反应，事先分析诸如机遇、风险等可能的未来条件显得愈发重要。PESTLE技术适用于组织和展示相关的环境因素。

- 政治因素（Political factors）：补贴、贸易政策、税收政策、立法、政治稳定性等。
- 经济因素（Economical factors）：经济增长、关键产业、利率、通货膨胀、汇率、失业、征税等。
- 社会经济因素（Socio-economic factors）：人口结构、教育事业、人口统计学、交通、价值观、态度、行为方式等。
- 技术因素（Technological factors）：研究、新的产品和过程、产品生命周期、新的信息与通信技术、创新、能源供应等。
- 法律因素（Legal factors）：现有和未来的立法、专利保护、竞争法、认证等。
- 环境因素（Environmental factors）：生产工艺、环保义务、

现有原材料、排放交易等。

上述因素彼此紧密相关。各影响因素如在当前或未来发生改变，则因素之间的相互作用往往也会随之改变，而且会影响企业本身。因此，设计思维项目直接涉及的框架条件和重要影响因素可能得到清晰的分类。

做法

- 步骤1：PESTLE技术实质上建立在上述六个影响因素的基础之上。为识别所有的重要因素，可借助诸如头脑风暴或头脑写作技术（参见工具55：集体笔记法）编制一个检查清单。对于分析而言，以下问题可能具有重要意义：
  - 哪些环境因素围绕着商业领域？
  - 哪些未来趋势可能改变需求行为，影响供应商及竞争者的市场行为？
  - 什么时候会出现上述改变和影响？
- 步骤2：根据行业的不同，各个因素对于企业的重要程度也各不相同，因此有必要识别出对于企业影响最大、优先级最高的因素。
- 步骤3：请分析不同因素的发生概率。它们是变革最重要的驱动力量，并且显著影响一项策略的成败。
- 步骤4：请评价最重要的因素，最好采用10分制。最适合的问题包括：
  - 事件发生的可能性有多大？
  - 事件将对该行业和企业产生多大的影响？
  - 事件将以怎样的规模发生？

- 步骤5：将影响因素可视化。最合适的方式是通过图表来呈现。

优点

- PESTLE技术主要适合有说服力的认知，以及作为进一步分析外部环境的出发点。
- 你将因此获得关于企业影响因素的广泛概览。
- 提供有关不同市场的机遇和风险的信息。

缺点

- 基于待研究因素的数量，全面分析持续时间长且非常复杂。

21. POEMS

	分析
	将概念作为相互关联的元素系统地进行观察
	设计思维团队
	便利贴；实地观察的辅助设备，如相机、口述录音机、笔记簿
	30 分钟至 2 小时

POEMS是一种使得现有元素在特定情境中可见的观察框架。这五个元素分别是人（People）、物（Objects）、环境（Environment）、信息（Messages）和服务（Services）。应用POEMS可以帮助你在一个关联的系统中独立研究各元素。例如，一个采用POEMS研究特定产品的团队，也会研究在更广的范围内与该

产品相关的服务、信息、环境和人。从更广泛的角度来看，此框架帮助团队将概念作为相互关联的元素系统地进行观察。

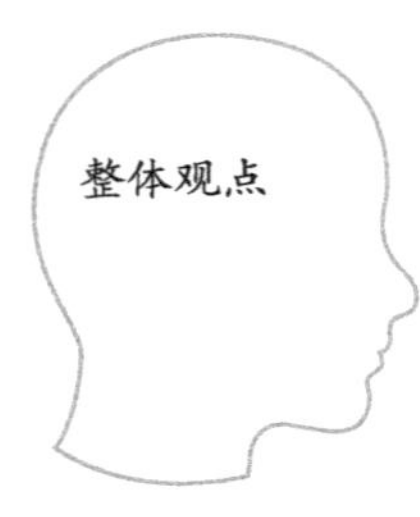

做法

- 步骤1：为你的实地拜访做准备。制作一个模板，以便你按照POEMS的框架记录你的观察并分类。请同时在模板中登记你在进行用户观察或调查时将用到的工具（笔记簿、相机、录音机等）。
- 步骤2：观察或在访谈中与参与者互动。观察或询问小组的活动、使用的物品、周边的环境、互动的信息等。记录你通过观察获得的信息以及参与者的回答。
- 步骤3：通过POEMS理解情境。
  - 人：哪些人活跃于此情境中？专业人员？客户？家长？其原因可能是什么？请设法了解所有不同的人群并记录在你的模板中。
  - 物：哪些不同的物品被应用于此情境之中？手机？报纸？哪些不同类别的物品被应用于此情境之中？它们之间的比例如何？
  - 环境：所有这些活动在哪里进行？厨房？商店？会议室？请你确定不同的情境并记录下来。
  - 信息：哪些信息在此情境中得到交流，它们是怎样被传递的？谈话？短信？便利贴？
  - 服务：情境中有哪些不同的服务？清洁？供应商？媒体？请你留意可用的服务并将其纳入清单中。
- 步骤4：描述你借助POEMS从观察或访谈互动中构建的

整个情境。收集所有的笔记并与你的团队分享和讨论观察结果。

优点

- 有助于对整个项目看法的改善。
- 重点不仅在于整个过程，还在于细节。
- 更好地理解情境。

缺点

- 耗时。

22. 快速民族志

	分析、调查研究
	关于不同的用户个人要求的整体概览
	设计思维团队、用户
	笔记簿、相机
	数小时至数天

“快速民族志”用于快速获取特定群体的研究数据，以分析用户需求。目标是尽可能地获得不同的用户个人要求的整体概览。

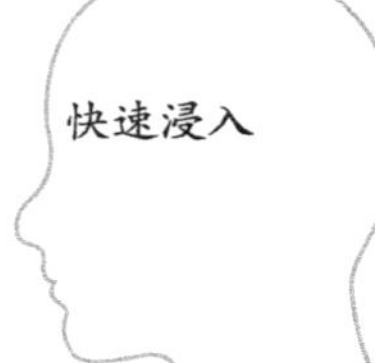

做法

- 步骤1：在与产品、服务或过程相关的人身上花尽可能多的时间。

- 步骤2：进入他们的自然环境和日常生活。
- 步骤3：相应地记录相关数据和信息。
- 步骤4：与你的团队分析这些数据和信息，并讨论你获得的不同观点。什么会引起你的注意？什么是不同寻常的？哪里有模型？

优点：

- 个性化。
- 零距离接触用户群。
- 能够轻松、快速地与目标群体建立信任和联系。
- 将获得第一手信息。

缺点：

- 可能非常费力。
- 仅展现特定用户的需求。

23. 语义差异

	分析
	收集日常信息和潜在用户接受度的信息
	设计思维团队、用户
	形容词列表、笔记簿
	约 30 分钟

通过询问，语义差异可用于收集用户对于某个产品、事实或计

划接受度的信息。借助此工具，你可发现和收集日常信息、潜在用户接受度的信息。

做法

- 步骤1：创建一个列表，包含你所想到的、针对产品或服务的20~30个相对立的形容词词组。
- 步骤2：在访谈前向每位受访者发送此形容词列表。
- 步骤3：受访者对每个形容词词组分别进行个人评估，按5级评价制进行（从非常符合到完全不符合）。
- 步骤4：请不要直接提出问题，而是请受访者对每个形容词词组对进行评估。

优点

- 相比于直接询问，你将获得更易于对比的结果。
- 结果不易受到受访者所估计的期待答案的影响。

缺点

- 不适合用于根据联想找出明确的用户需求。
- 参与者越有经验，按等级估计和评价特定联想（形容词词组）的难度越大。

24. 目标群体模型

	分析
	收集日常信息和潜在用户接受度的信息
	设计思维团队、用户

形容词列表、笔记簿

约 30 分钟

目标群体模型（Sinus-Milieus）针对的是真实存在的目标群体。它是一种目标群体分类体系，将人们按照生活观和生活方式进行分组，以便识别目标群体。基于对社会文化趋势持续不断的跟踪研究和观察，目标群体模型始终与时俱进。目标群体模型可以针对每个国家分别制定。

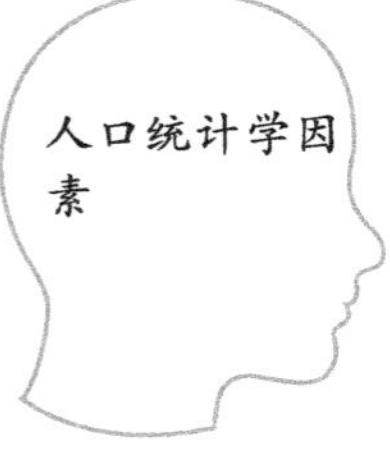

做法

对目标群体的特征进行定义——如社会文化趋势和基本导向，并将这些特征与你事先查到的图表（http://www.sinus-instutut.de）中的目标群体分类进行对比。在此基础上，你可在图表中定位自己的目标群体。

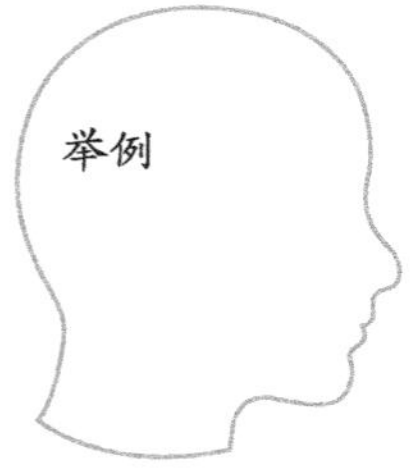

植根于传统者占12.8%：热爱安全和秩序，扎根于小市民的世界或传统的工人文化中；享乐主义者占9.3%：以乐趣为导向，现代化，拒绝绩效导向型社会的风俗习惯和行为期望等。

优点

- 准确制定针对拥有近似偏好的特定目标群体的策略。

缺点

- 容易忽视重要的影响因素。

25. 搜索字段规范

 分析

 打破思维定式，优化产品、服务或过程

 设计思维团队、用户

 便利贴

1~2 小时

此工具旨在从多个角度研究未解决的问题或疑问，以及优化产品、服务或过程。在应用过程中应消除偏见并打破思维定式，因为只有如此，才有可能实施创新方案——问题永远不可能通过采用与其发生时相同的思维模式而得到解决。

搜索字段并非一成不变。搜索字段的定义应是一个充满活力的过程，以避免人们陷入僵局。因此，重要的是定期对现有的搜索字段按其相关度和优先级进行重新审查，以及在集思广益的过程中识别新的搜索字段。

创新路线图是一种知名且受欢迎的管理和沟通工具。该工具通过图表形象地处理搜索字段，并将其沿时间轴顺序呈现。

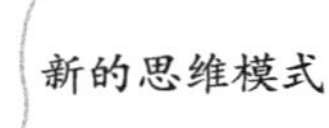

做法

搜索字段规范的过程按以下循环进行：收集、转化、处理。这一循环将不断重复，直到所有参与者能够从不同视角看待问题，建立对背景环境的新认知，以及发现新的创新途径。设计思维团队在

此过程中扮演主持人的角色，因为会谈是关键，将向参与者提出激发其思考的一些问题和任务。

- 步骤1：收集。此步骤收集有关企业产品／服务以及特定主题的意见和假设的数据。收集过程主要在会谈期间进行。为此，用户将受到关于某一主题的询问（访谈），并被要求就特定主题做类比，如重新进行角色扮演，或者进行允许提出新观点的其他练习。
- 步骤2：转化。获得的认知将得到新观点的补充。为此可采用不同的方法，如思维导图、奇幻旅行、与事实结合等（根据不同的目标、目标群体及发生阶段）。
- 步骤3：处理。结果将得到处理，以便锐化主题意识，以及促使参与者反思。未能充分澄清的问题将被提出，下一循环的工作方法将被开发和选出。

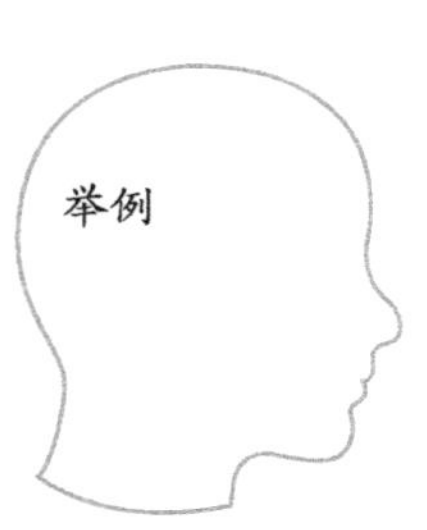

一家国际化的企业寻找创新解决方案，以提高员工满意度。我们的团队选择了搜索字段分析，因为该企业的结构非常复杂。团队配备了8人，包括项目组成员和其他不了解项目具体情况的成员。重要的是借此机会收获新的观点。

在不了解具体细节的情况下，我们首先借助见解卡片来弄清问题。见解卡片让我们初步识别了新的模式。我们按照宏观主题进行分类。由此产生了以下评价：公关部门的员工主要想提高同事的满意度，人力资源部门有些员工希望了解不同地点的员工的文化和语言差别。在所有这些认知当中，团队首先开始了解该企业的运作方式和不同地点存在的问题。地点会影响信息、沟通和社会关系网等不同方面。

搜索字段规范表明，有必要根据各自的环境和所在地点制定解决方案，再将这些解决方案与当地员工的经验、技术、舒适需求和沟通相关联，以便能制定出未来同样适用的解决方案。

优点

- 一目了然。
- 快速简便。
- 开拓新的观点和见解。

缺点

- 片面。
- 易形成固定模式。
- 假设需要被首先证实。

26. SWOT分析

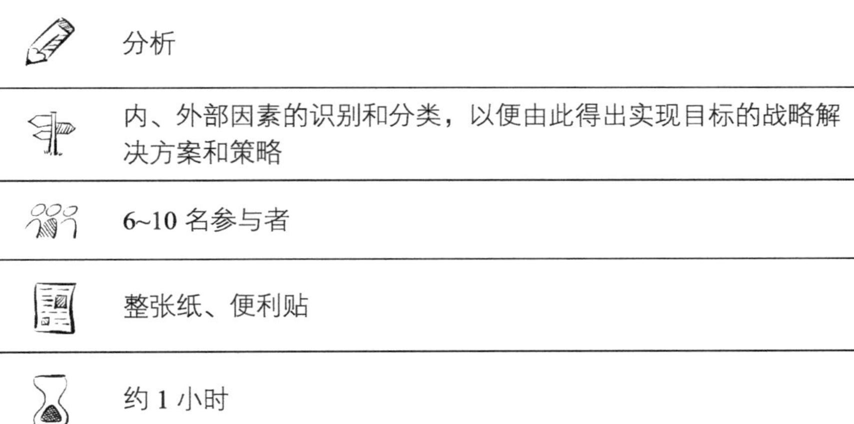

	分析
	内、外部因素的识别和分类，以便由此得出实现目标的战略解决方案和策略
	6~10 名参与者
	整张纸、便利贴
	约 1 小时

SWOT分析是战略管理的一种分析手段，以及诸多市场营销策略的基础。它用于识别不同领域（如地区、企业、产品）的重要的内部因素和外部因素并对其进行分类，由此得出实现目标的战略

解决方案和策略。在设计思维中，战略是企业成功的关键因素之一——SWOT分析适合用于分析创新想法能否成功。因此，创新想法在准备阶段就已得到评估并减轻了复杂程度。

识别重要的影响因素

SWOT分析最初被应用于军事领域，20世纪60年代在哈佛商学院得到进一步发展，并开始用于企业。它是一种系统化的形势分析方法。其中，S代表优势（Strengths），W代表劣势（Weaknesses），O代表机会（Opportunities），T代表威胁（Threats）。

为更好地呈现内容，SWOT分析采用二维矩阵的形式。第一个维度包含来自外部环境（如客户期望、趋势、竞争对手、技术、政治）的机会和威胁，第二个维度包含企业内部环境（如形象、动机、专业知识、财务、人事）的优势和劣势。当上述两个维度在一个矩阵中显示时，用于实现目标（如发展竞争优势）的措施就变得显而易见。

做法

在进行SWOT分析时，为实现战略决策辅助功能，系统化的方法绝对必要。主持人有一项特殊工作：他要注意支持自由的想法和意见交流，同时不忘记目标。

- 步骤1：确定目标和选择参与者。SWOT分析的目标及其调查对象一经确定，即选择合适的参与者，就由他们确定优势、劣势、机会和威胁。在理想情况下，参与者小组应由6~10人组成，以便能够相应地涵盖所有方面。然而，SWOT分析也可由更少的参与者完成，或者由众多参与者以研讨会形式进行。仅有的推荐是，让一个异质小组参与分析过程，以便描绘出一张尽可能全面的图像。

- 步骤2：通常首先研究外部因素（外部环境分析）。在此环节中，参与分析的人员试图确定、收集和分析不同的目标市场在发展过程中形成的各种市场和行业机会与威胁。环境因素可能是各种各样的，如表现为技术、生态、政治或社会等形式。
- 步骤3：内部分析将评估企业的优势和劣势（内部环境分析）。
- 步骤4：内部和外部分析的结果和认知将得以结合，在SWOT矩阵中具象化地呈现。事实和创新想法将被分类并建立关联，以便能由此得出有意义的行动战略和备选方案。
- 步骤5：现在可从矩阵中得出战略和实施建议。通常情况下，如未显示出重大威胁，则在制定SWOT矩阵后分析就已结束。

优点

- 提供框架概念，考虑到内部和外部影响因素，保证诸如组织和环境等的现有状态的不同方面均受到分析。
- SWOT分析耗资低、应用简单、具象化，并且能帮助简化复杂程度。
- 创建整体概览，兼顾正负两面。
- 可应用于多个领域（如企业、组织、部门、项目、单个过程、产品等）。

缺点

- SWOT分析较为浅显，不够深入，几乎总是需要随后进行额外的详细分析。
- 分析过程虽然收集多方面信息，但没有设定优先级，而且外部因素分析只能独立完成。
- 结果仅体现即时情况，并且高度取决于参与者。

结论

几乎没有哪种工具像SWOT分析这样得到广泛应用，但遗憾的是，SWOT分析常常采用快速程序，因此部分结果值得商榷。全面的SWOT分析既要求对于此工具的良好理解，又需要花费一些时间用于准备和执行。此过程将确定其他服务（如已有服务）的优势和劣势，以及将该服务成功引进市场的机会和威胁。通过这种方式，SWOT分析能够为商业模式开发提供宝贵的信息。

27. 趋势专家访谈

	调查研究
	内、外部因素的识别和分类，以便由此得出实现目标的战略解决方案和策略。
	设计思维团队、专家
	笔记簿、便利贴、口述录音机
	每次访谈约 3 小时，包括后续处理

趋势专家访谈能够帮助你快速了解某一主题的发展趋势。在与未来派、经济学家、教授、作家、研究学者等的对话中，你可获得某一特定主题领域的宝贵知识及一些附加信息。

统一知识谱系

做法

- 步骤1：确定你想要进一步了解的主题：技术、经济、人类、文化、政治或其他与项目相关的主题。
- 步骤2：识别专家。结合网络调研、同事推荐和文献检索，制定一张已识别主题的知名专家清单。请注意，每个主题至少应该进行一场专家访谈。
- 步骤3：为访谈做准备。请阅读专家撰写的文章或书籍。这样一来，你能够更容易地理解他的立场。请准备有助于访谈的一系列问题。例如，你可以用植物生长作为隐喻，为访谈建立架构：种子——早期出现的趋势和创新是什么？土地——基础条件如何影响生长？环境——周围环境如何影响生长？植物——创新具备了怎样的生存和生长能力？水和阳光——催化剂如何影响生长？
- 步骤4：进行访谈。深思熟虑的访谈能在与专家的有限对话时间里创造最好的结果。请使用准备好的问题进行对话，在对话过程中留意参考资料，以便开辟更多的信息来源，获取更准确的信息。
- 步骤5：倾听，领会，跟进。访谈从始至终都要积极倾听。如果获得允许，请使用记录装置，以便获取对话内容。
- 步骤6：撰写和总结。撰写记录下来的对话，以便提取关键词和有趣的见解。对结果进行总结，并与团队其他成员分享。

优点

- 能够快速、尽早发现新的趋势。
- 带来新的观点。
- 掌握知识。

缺点

- 非常耗时。
- 仅复述专家观点。

28. 媒介扫描

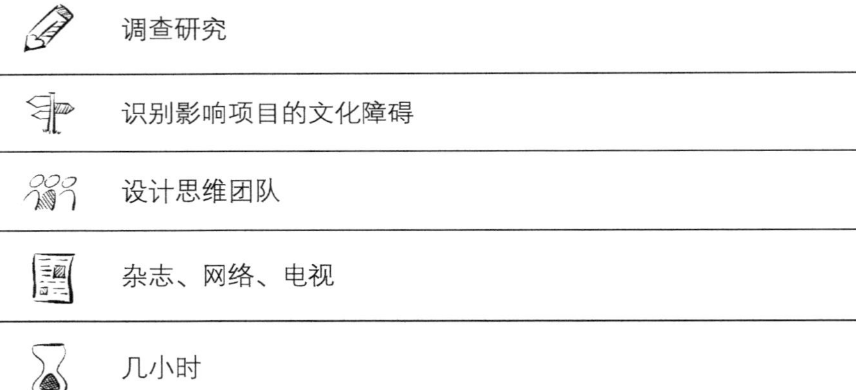

	调查研究
	识别影响项目的文化障碍
	设计思维团队
	杂志、网络、电视
	几小时

媒介扫描作为文化晴雨表，展示文化媒体界可能出现的文化发展趋势——就像人们通过卫星照片来预报未来的天气一样。此工具应用简单 ——你扫描印刷物、电视、网络等媒介，以发现在各自的文化情境中显得有趣的所有事物。此方法帮助创新团队识别可能影响项目的文化障碍。

做法

- 步骤1：识别与你的各个项目相关联的广泛主题，并为此创建思维导图。搜寻在未来较为有趣的创新主题。寻找主题和可能的副主题。

- 步骤2：寻找有关主题的其他信息。仔细查看博客、杂志和网站。创建“图书馆”，同时也扫描可能直接或间接与主题相关的广告、事件和影片。
- 步骤3：寻找模型。搜索信息以识别模型。这些模型提供现有和未来文化趋势的概貌。
- 步骤4：同时观察邻近主题。有时候趋势显现在其他领域，但也会影响你的主题（如着装趋势总是同时影响饮食习惯）。
- 步骤5：对结果进行总结，讨论可能产生的不同影响，同时也写下你认为可能发生的事情。在团队内部讨论模型所指的领域，以及模型将如何影响你的主题。利用此讨论，开展更深层次的活动。

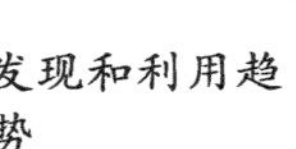

优点

- 展现特定的文化情境和模型。

缺点

- 耗时。
- 仅展现特定领域和视角。
- 根据媒介的不同，准备程度有些许差别。

29. 焦点小组

集思广益

产生想法以及深入了解事实和问题

设计思维团队、用户

房间、膳食、笔记簿

至少 2 小时，无后续处理

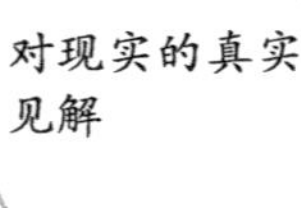

焦点小组是一种有主持人的小组讨论，潜在购买者或目标客户就特定主题进行交流，分享感受、意见和想法。此工具主要用于深化客户利益和价值承诺，以及探索商业模式各模块未解决的问题。

这种小组讨论使得参与者的自发情感反应显而易见，因此尤其适合产生想法，为全面深入地了解事实、识别动机或发现问题提供了可能，并支持发展愿景和开发原型。

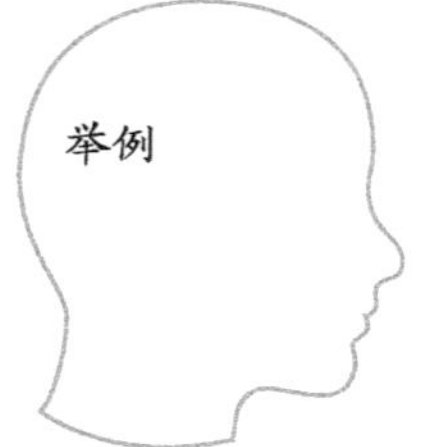

我曾经效力于一家初创公司，该公司通过手机应用程序让孩子寓教于乐。这些应用程序的使命在于创造家长与孩子的合作学习过程。孩子分享自己学到的内容，家长则可以积极地参与其中。目标受众是孩子和家长。他们的意见、想法和印象是我需要研究的。为此，我邀请孩子和家长参加焦点小组，以便研发人员学习如何提升孩子和家长的体验。在焦点小组中，孩子和家长各自讲述目前是如何使用应用程序的、他们特别满意的地方、不满意及有待改进的地方。这些反馈可用于进一步改进应用程序，使之满足客户需求。

做法

- 步骤1：挑选参与者。焦点小组参与者的选择是以选出的问题为导向的。焦点小组的规模大小不一，然而，大多数情况下，上限为10名参与者。挑选恰当的参与者时应考虑以下几点：

- 参与者应对主题感兴趣且在一定程度上与主题相关，即对主题足够熟悉，以便开展讨论。
- 参与者由受教育程度、职业、社会人口统计标准（如性别、年龄、国籍）不同的人组成，均衡但不过于异质，以避免可能导致理解差异过大或误解。
- 特定人群（在职人员、单亲家庭、须/无须强制护理的年长者等）构成的均衡组合。
- 不建议将夫妻或朋友分入同一个焦点小组，因为可能产生高度一致的趋势。
- 参与者之间无需事先相互认识。

- 步骤2：理想情况下，焦点小组讨论应在一个独立的地点（如研讨会酒店）举行。在焦点小组中，应注意营造一种相互尊重的舒适氛围，让参与者能够自由地给出自己针对此主题的意见。焦点小组讨论的持续时间根据主题大小和参与者人数不同而有较大差别。
- 步骤3： 焦点小组由1~2名主持人引导，他们需要积极倾听并引导讨论。
- 步骤4：在参与者同意的前提之下，理想的做法是对焦点小组讨论进行音频或甚至视频记录，以便进行撰写和分析。焦点小组成果的分析提取基于定量分析而实现。

优点

- 焦点小组经济实惠，既省时又费用低廉。
- 可在最短的时间内从焦点小组中获得重要认知。

- 提供对现实的真实见解，以及关于各种观点、价值观和冲突的首要概览。
- 焦点小组特别适合研究初期探索目的以及更加深入地阐明调查结果，也适合发现特定行动和行为方式的意义。

缺点

- 可能出现群体动力效应，参与者以他人的观点为导向或美化观点。
- 由于焦点小组采用小样本，因此常常遭受议论，被认为其结果不能代表整个目标群体。

30. “从……到……”研究

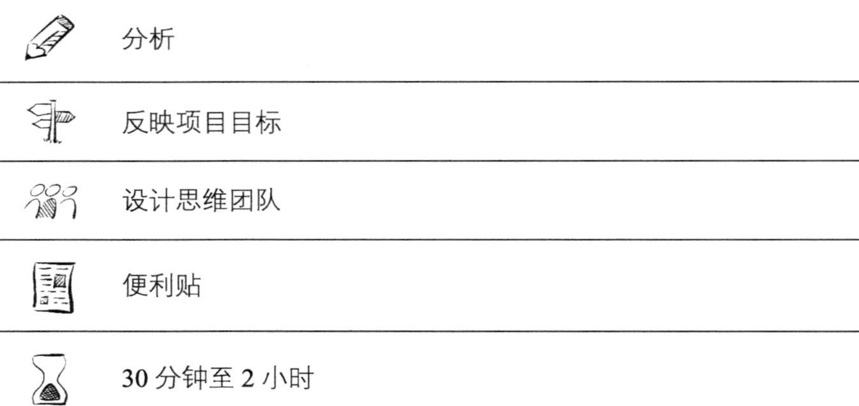

“从……到……”研究将当前视角转向解决问题的新视角，其重点在于探究原因，寻找机会和建议。在良好理解最新趋势的基础之上，此工具研究当前背景环境可能的改进方式，帮助参与者思考项目目标，并为进一步研究提出方向性建议。

- 步骤1：列出项目最重要的方面。在小组中思考哪些方面应最早创新。如果是教育创新项目，应最早创新的方面可能主要是“学习环境”“课程表”“课程大纲”。

- 步骤2：识别与项目这些方面有关的趋势。例如，与学习环境相关的可能是通信技术的发展。
- 步骤3：按照惯例描述当前视角。例如，按照惯例，学习环境是指实体教室。在“从……”段落描述当前视角。
- 步骤4：阐明新的趋势。基于你从步骤2获得的对于趋势的理解，推测可能出现的新趋势。例如，传统实体教室怎样能调整为虚拟的学习环境？在“到……”段落描述新的视角。
- 步骤5：讨论创新机会。请你考虑，基于新视角的创新意图可能是怎样的？哪种新视角具有最大潜力？

优点

- 接受挑战。
- 识别机会。
- 聚焦过程。

缺点

- 仅提出假设，需要测试和探究。

31. 反即视感

 分析

 重新观察现有事物，转换视角

 设计思维团队

便利贴

20 分钟至 1 小时

视角的转换能够帮助我们成为更好的提问者吗？我们都有过幻觉记忆的经历：当来到一个陌生的地方或经历此前尚未了解的新情形时，我们有时会有一种已经来过这里的感觉。然而，当我们将前后对调时，会发生什么情况呢？假设处于一个自己非常熟悉的场景之中，如骑车去上班或做一些你已经做过上百次的事情，我们有时会有一种正经历一件全新的事情的感觉。这就是反即视感（Vuja-de）——可能是成为更好的提问者或更有创意、更加创新的思考者的关键。

用全新视角观察

反即视感的概念的关键在于能够从另一个视角将熟悉的场景感知为陌生的场景，从而识别出改进的可能性。这种可能性是其他人迄今为止都没有感知到的。

反即视感源于一位名叫乔治·卡林的喜剧演员，据说是因为他的单口相声节目。因为无法避免多次重复表演，卡林感觉到自己必须摆脱老一套。反即视感帮助他通过观察自己周围的日常环境，定期改变视角。卡巴莱演员具备以新视角观察所有事物的能力（和意愿）。只有这样，他们才能够发现日常生活中通常被我们忽略的稀奇古怪的小事。

受益于反即视感视角的不仅仅是卡巴莱演员。例如，企业中的人们也可通过全新视角观察熟悉的事物，思考假若自己是新人或局外人，必须做些什么、如何行事及采取何种态度等——就像第一次经历所有的事情一样，从而激发自己思考并获得新的认知。然而，这也适用于个人问题或社会问题：当面对那些根深蒂固的老问题和挑战时，请思考，假如你是第一次面对，你将如何看待它们。这将帮助你提出一些基本问题，它们有时能带你进入问题的核心，并带来深刻的认知。

做法

重点是重新观察熟悉的事物或场景。

- 步骤1：确认你想要重新观察的事物或场景。
- 步骤2：与团队一同思考和讨论：你的目标群体对于此事物或场景是否熟悉？有多熟悉？
- 步骤3：讨论：如果重新解锁此事物或场景或去除重要元素，事情将如何变化？可能会发生什么？为什么人们按照自己的行为习惯采取行动？

举例

跳出日常的生活和行为习惯有助于视角的转换。有一个项目曾致力于为会议注入新的活力，以及有意识地审查工作流程。归根结底，管理层希望员工从办公室中走出来。为改变常规，我需要深入了解整个流程。我因此而发现，员工不断地开会是为了找借口走出办公室，一起喝咖啡。我特意谈到这点并创建了新场景，以便员工拥有除会议室之外的会面区，并由此引入了一种新的会议文化。

优点

- 时间短，不复杂。

- 可快速转换视角。
- 消除偏见。
- 费用不高。
- 探究刻板印象。
- 带来有价值的新见解。

缺点

- 很难真正脱离自己的思维模式。

由于观察、访谈等传统工具常常导致错误的结果，并且人们经常感觉到自己被观察而做出不像往常一样的行为举止——即使在真正的自然环境中也不行，因此建议将其他工具作为补充，如共情访谈，即所谓的文化探索。传统工具常常仅展现出人们做了什么，而不是他们做这件事的原因或当时的思想活动。文化探索能够避免这种情况，因为目标群体几乎是自己观察自己。因此，你也能深入了解往常难以接触到的背景环境。

做法

目标群体自行收集有关其周围环境、想法和观点的记录及印象，可使用相机、智能手机、摄影机、口述录音机等设备。重要的是你事先将受试者引入此主题并给予其具体的指导。

优点

- 促进创新和激发灵感。

缺点

- 由于记录的媒介未详细定义，而是由设计思维者根据具体的情况进行选择，因此无法确保获得想要的结果。

基于其实验性质，此工具不适合希望获得非常具有说服力的结果的情境，但可激发新灵感、获取新视角。

阶段2　定义问题

概要

“总是在乎别人看法的人，当他们意识到他人对自己了解甚少时，会感到大吃一惊。”

——伯特兰·罗素

设计思维项目刚启动的时候，团队通常对主题不甚了解，因此必须首先研究相关问题。在阶段1甚至项目开始之前，你就已接触过这些问题。

阶段2，即定义问题阶段，从重构过程开始：项目团队从其他视角出发观察问题，并利用收集的数据和分组流程，远离可能的项目边界。项目团队不止一次地进行探索，以便获取更多与主题相关的信息。因为除了用户和利益相关者的初步理解，项目团队常常还需要对情境的新认知——有助于对关键问题的研究。

利用已获得的知识

在本阶段，你将从不同的视角详细研究尚未解决的问题。这样，你便能够重新构建参与者的信念和假设，消除他们的思维定式。你将帮助他们改变企业范式——这是通往创新解决方案的关键一步。本阶段的目标是激励所有的参与者从不同的视角观察问题，创建对于情境的新认知，识别解决问题的创新途径。通常情况下，项目团队扮演过程主持人的角色，此过程可能持续一场研讨会的时间或数周时间。重要的是团队核心成员的会面，在组内提出问题并促成新的思维模式。

阶段2的一般流程

在阶段1，即建立共情阶段，你已收集了有关某个产品、某项服务或某个过程的很多不同的数据，其中大多是关于主题的一些信念和假设。

有了这些数据在手，项目团队将经历一种转变。数据将被分析和应用，新的观点将融入其中。根据目标、任务和过程的不同，本阶段可能采用大量的工具，如亲和图、客户旅程地图等。

针对此阶段的一些提示：

- 请寻找一间团队活动室，一方面能够振奋精神，另一方面能让你在此放松地研究工作。
- 请首先研究在阶段1收集到的陈述故事。请找出能够引发讨论的激进和情绪化的语句。
- 真实故事的例子有助于相互理解，达成共识。
- 请在每场研讨会结束时收集会议成果，并以图形的方式呈现。请保证团队的每一名成员都能获得材料。
- 请选出一位有能力的主持人，他能够为初始问题提供新的思路，并将不确定的未来变为可实现的。

热身

当团队经过深入的调查研究和观察阶段之后再次聚首，想要讨论和加工新的信息时，团队必须在开始工作前确保所有成员达成一致意见。最好采用一些能集中精力及为团队带来能量和乐趣的游戏。

你好和击掌

	破冰游戏
	相互认识
	3 ～ 10 人
	音乐
	5 分钟
	• 改变外在和自我感知 • 建设性合作的起点 • 舒适的工作氛围
	• 未知

做法

- 步骤1：每个人在房间里随机行走。
- 步骤2：主持人以很短的时间间隔发出不同的指令。例如，当指令为“打招呼”时，你的任务是对刚好从你身边经过的人发出友好的问候。其他的指令包括“击掌”“给予赞美”等。

传递掌声

	情绪兴奋剂
	更好的合作
	3 ~ 10 人
	无
	5 分钟
	• 学习适应他人的节奏 • 激发团队的活力 • 建设性合作的起点 • 舒适的工作氛围
	• 开场白较难 • 对于缺乏节奏感的人而言难度较大

做法

- 步骤1：主持人解释规则。
- 步骤2：一个人开始游戏，当他与身边的人对视时，两人同时拍手，不说任何话。
- 步骤3：接着，第二个人转向自己身边的另一个人，做同样的动作。

变化方案：如果你想增加挑战性，请组建多个拍手圈，使参与者同时朝不同方向绕圈移动。

工具

32. 2×2矩阵

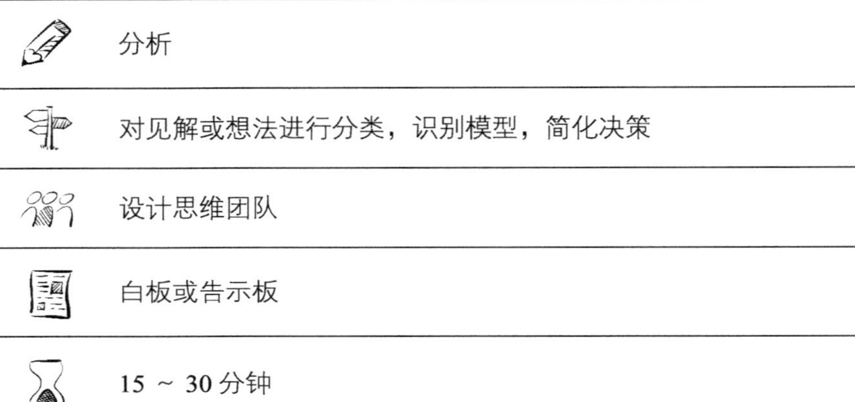

	分析
	对见解或想法进行分类，识别模型，简化决策
	设计思维团队
	白板或告示板
	15 ～ 30 分钟

2×2矩阵是分析不同主题的工具，尤其适合对已提出的见解或想法进行分类，识别其中的模型，或者将内容与目标群体的需求进行比对。此工具既可用于阶段2，也可用于阶段3。2×2矩阵有助于简化决策。我主要在与客户或项目委托人开会时用到它——用于讨论之后的步骤。

识别模型

名字说明一切：2×2矩阵的结果是一个由2×2格组成的图形。每个轴代表一个维度。见解（或想法）将被归入这些维度中。结果是根据上述维度对于见解（或想法）的简单评估。

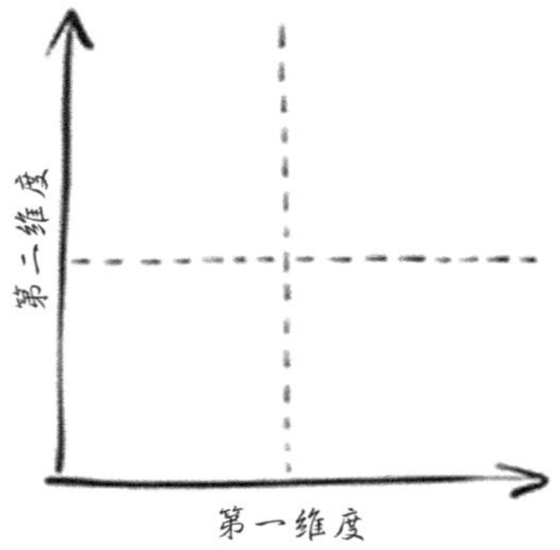

做法

- 步骤1：画一个2×2矩阵。
- 步骤2：请思考哪两个特征能最好地区分见解和想法，然后将这两个特征列入矩阵的两个维度中（分别对应矩阵的两条轴）。例如，为评估见解，你可以将具有相关经历的人的年龄记录在一个维度上，而将与主题的熟悉度置于另一个维度上。
- 步骤3：选出对自己而言重要的见解／想法，将其放入矩阵中适当的空格内。
- 步骤4：通过思考可能在何处形成有意义的群组，寻找相似性和模型。
- 步骤5：后退一步，观察矩阵。有没有形成相互关联的群组？哪些象限特别满或特别空？特征之间是否存在关联？

由将想法和见解放入矩阵的哪个维度引发的讨论往往和矩阵本身的构建一样宝贵。你可能需要尝试一系列的维度，以找出有意义、有启发性的组合。请尝试不同的维度，即使一开始你并不确定哪个维度更有效。

优点

- 快速概述。
- 清晰地呈现关联。
- 为接下来的行动决策奠定良好基础。

缺点

- 不容易选出合适的维度。

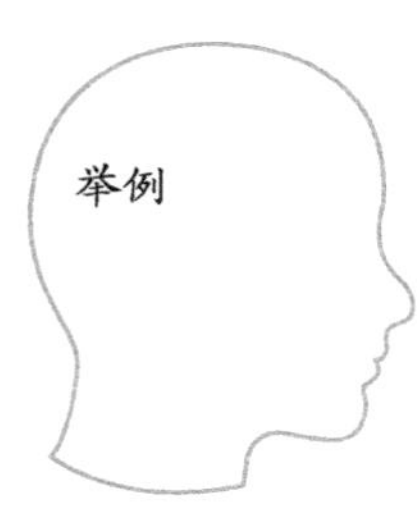

研讨会的重点在于，如何将城市中的公共交通工具塑造得更具吸引力。在此之前，我必须首先和团队一同找出当前可能存在的问题。在访谈（参见工具27，趋势专家访谈）之后，我们将结果写在了见解卡片（参见工具39）上。然后，我们将内容记入一个2×2阶矩阵中：选择受访者的年龄（从年轻到年长）和对当地的熟悉程度（从低到高）作为维度。我们相应地将各个想法和见解分别归入两个维度中。例如，一对友好的旅客夫妇，他们无法找到最近的地铁站——我们将他们的表述了归入右下方的象限中（年纪较大/对当地的熟悉程度较低）。通过这种方式，我们逐渐将所有的想法和见解进行了分类。

我们最终清楚地认识到应重点关注哪些客户群体。

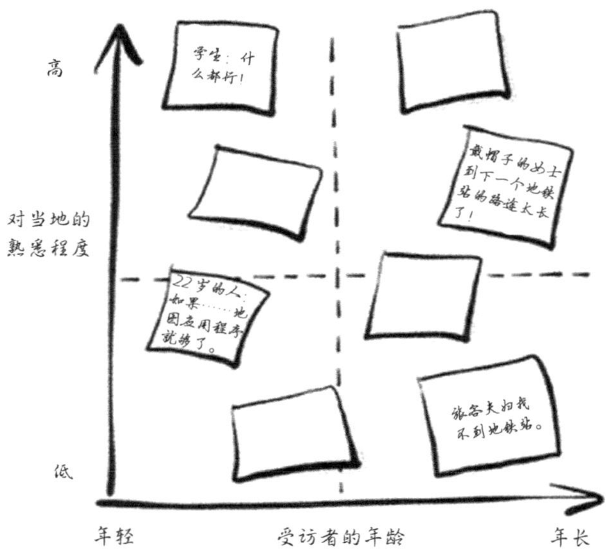

33. ABC分析法

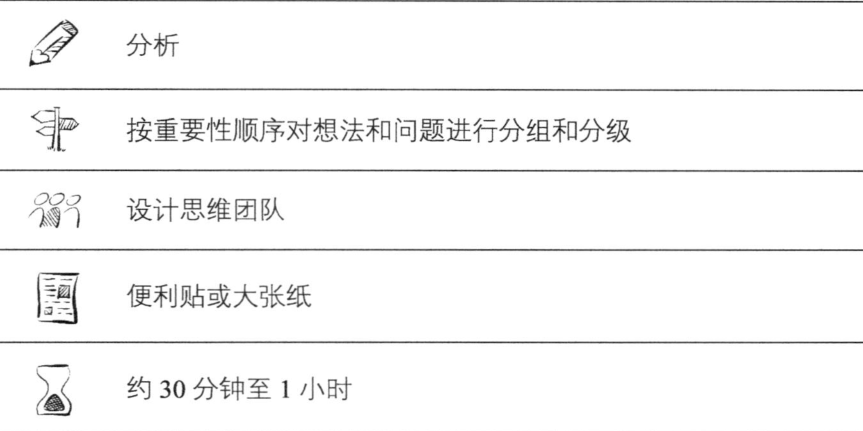

分析	
按重要性顺序对想法和问题进行分组和分级	
设计思维团队	
便利贴或大张纸	
约 30 分钟至 1 小时	

你想从哪个设计思维挑战开始？内部的运行时间是否需要优化？或者是否应首先寻找一个提升客户满意度的新方法？如果是的话，你想重点关注哪方面？

如果你无法立刻知晓如何设置优先级，那么ABC分析法是正确的工具。此工具相对简单地将重要与不重要的事物区分开来，通过避免无谓的经济付出，有助于聚焦合理化和提高盈利性。

实施ABC分析法并不困难：计算累计数值并进行分类。这种分类提供实际情形的粗略图示，由此可进一步产生更好的做法。

ABC分析法有助于根据某一共同成果或为了某一目标的实现，对想法或问题按照其重要性进行降序排列和分级。此方法适合各种各样的研究对象，如结构、措施、供应商、产品、产品群、客户、客户群等。

设置优先级

做法

- 步骤1：最初关联的研究对象被分为三个不同的等级。
  - A为高优先级：相对较少的研究对象，为实现设定的目标所做的贡献较大。
  - B为中等优先级：该组对实现共同成果或目标的贡献程度与其规模基本成正比。
  - C为低优先级：相对较多的研究对象，为实现共同成果或目标所做的贡献较小。

ABC分析法的目的是通过划分等级，将注意力转向显著促进共同成果实现或强烈影响设定目标达成的想法或问题。这将为你之后制定及有策略地采取针对性措施奠定基础。

- 步骤2：确定你想要仔细观察的因素。
- 步骤3：确定决定单个因素分类方式和排列顺序的特定标准。例如，可按销售额或订货量对客户进行归类，按价值或抽样频率对产品进行归类，按可行性或实用性对想法进行归类。
- 步骤4：确定等级界限，以便也能将之前确定的研究对象进行明确归类。

- 步骤5：将想法归入三个等级（A，B，C）。

应用领域

ABC分析法可应用于不同领域。

- 销售：ABC分析法可用于发现为企业成功做出最大贡献的客户、客户群、产品、产品群或销售领域。
- 产品开发：借助ABC分析法，企业可识别出应重点开发或进一步发展的最重要的产品。所有其他产品应至少有一段时间被排除在生产计划外。
- 持续改进过程：找出最具影响力的改进措施，然后专注于此。
- 物流：分析最重要的供应商（供应商评估）。
- 生产：借助ABC分析法，企业可识别出诸如停机时间最长或瓶颈最多的设备。

优点

- 通过限制重要因素，以合理的花费分析复杂问题。
- 易于使用。
- 工具的使用独立于研究对象。
- 可非常清晰地以图表形式呈现结果。

缺点

- 非常粗略地分为三个等级。
- 片面地向单一标准看齐。
- 未考虑定性因素。
- 提供一致性数据是前提。

34. 亲和图

	创建知识库
	根据关系和联系对数据和信息分类
	设计思维团队
	便利贴、活动挂图板、告示板
	约 1 小时

借助此工具，你可以根据关系和联系，对数据、信息或单个元素进行分类、组织和安排。在此过程中，你主要获得有关元素相似性、依赖性和邻域性的重要认知。

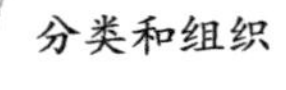

做法

- 步骤1：倘若待分类的概念、信息或想法尚未确定，请借助头脑风暴进行收集。
- 步骤2：与头脑风暴类似，请在小卡片（或便利贴）上写下尽可能多的信息或概念。请将相似的概念归入相应的群组中。
- 步骤3：为每个群租寻找合适的上位概念。如概念较多，你可额外构建分组。

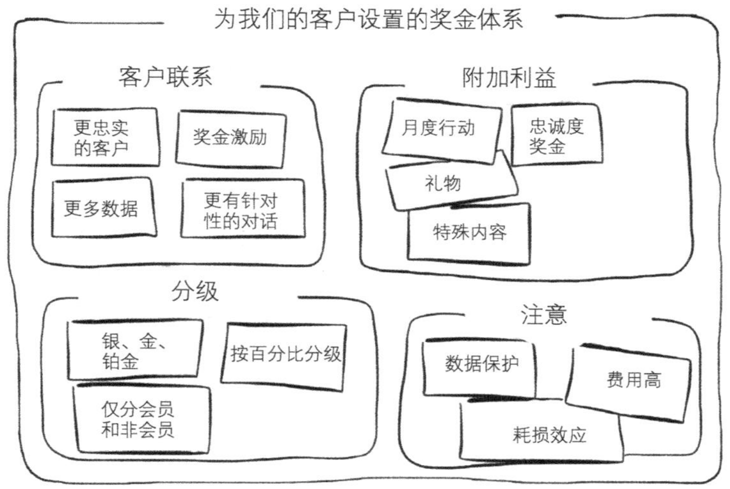

- 步骤4：请在白板上以清晰明了的形式呈现群组。如有必要，你可另为群组或分组添加标记（圆环、云朵、箭头等），以表明关联。
- 步骤5：在分类的基础上，制作或描绘一张最终图表。你可用文字总结生成的图表。请尽可能中立地表达，不要过多地进行阐释。

优点

- 识别问题定义之间的关联。
- 识别创新潜力。
- 特别适合研究事实和问题，收集解决方案。
- 分析、提取新的设计可能性。

缺点

- 需要有经验的主持人和团队参与者。
- 复杂度越高，对贡献进行总结和归类的难度就越大。
- 结果主观性强。

35. 下载

	创建知识库
	通过观察和记录，构建集体的知识库
	设计思维团队
	有足够座位的房间、便利贴
	取决于项目，可能长达数小时

在第一阶段，你收集了大量的笔记、照片、印象，现在是时候进行分类并找寻它们的意义了。团队合作对于以人为本的设计而言十分重要，关键在于共同检查学习成果。请将你的队友的注意力转向故事、学习经历和知识上。此工具是相互分享想法和故事以及谈论所见所闻的重要方式，其目标是构建一个集体的知识库。

做法

- 步骤1：安排一个有足够座位的房间。
- 步骤2：有意识地移除分散注意力的因素，所有人围坐成一圈。
- 步骤3：请依次陈述最重要的信息，并将其写在便利贴上。（你遇见了谁？看到了什么？收集了哪些事实？对于经历过的事有哪些印象？）
- 步骤4：将便利贴分为多个集群，然后贴在墙上或白板上，以便每个人都能看到，大家能够更好地对此展开讨论。
- 步骤5：在没有轮到你时，请仔细倾听并留意细节。如对于讲述的内容有不解之处，你可以提问。请集中注意力。

最后的提示：请你最好在访谈或实地观察的当天或之后一天使用此工具。这样，你对于体验和认知的印象比较深刻。

提示

优点

- 提供一个很好的概述。
- 共同进行知识建构。

缺点

- 可能失去焦点。
- 许多细节偏离重点。

36. 见解分类和构建集群

	创建知识库
	理解主题并为概念的进一步发展奠定基础
	设计思维团队
	便利贴或主持卡片
	2~3 小时

此工具始于汇编你在第一阶段收集到的所有信息。你将所有这些信息写在便利贴上，然后开始对其进行分类，以便找出其背后的某种逻辑和模型。一旦找到共同的逻辑，团队将着手研究其他所有的见解和认知，以发现更多的有趣模型。通过分析这些模型，你不

仅能更好地理解整个主题，还能为概念开发奠定坚实基础。为了更大限度地利用此工具，你应在开始时收集数量可观的见解和认知。

经验法则：小项目中应使用不超过100种见解。

使用不超过100种见解

做法

- 步骤1：收集你在第一阶段调查研究过的所有表述。如你尚未提出任何见解，请首先审阅来自调查研究的观察数据和其他结果，然后提出一些见解。

附注：见解是你在第一阶段对人们及其背景环境的了解或观察，以及对你项目中一些未知的、令人惊讶的和有价值的事物的阐释。请用一至两句话记下所有这些见解和认知。

- 步骤2：在将见解记录到便利贴上之后，请把便利贴粘在墙上或桌面上。请开始以团队名义为这些见解构建集群并讨论你使用的逻辑。
- 步骤3：请基于已识别的逻辑，构建更多的集群。进行讨论，理解将见解和表述分为特定集群的原因。如有必要，请将这些信息归入新的集群中，直到获得一个所有人都认同的集群模型。
- 步骤4：讨论集群并识别分组原因。定义每个集群时描述其一般特征。为每个集群起一个简称即标题。
- 步骤5：讨论接下来的步骤。用文献记录模型。请与团队讨论，这些集群模型怎样才能对项目的后续阶段产生价值。集群是否足够全面，以便从整体上理解项目？有无需要填补的明显漏洞？集群是否已充分定义？集群能否用作评估和完善概念的标准？

优点

- 展示模型和关系。
- 使现有知识结构化。
- 简化讨论。

缺点

- 看法主观。

37. ERAF系统图

	分析
	阐明系统及系统所有元素的相互作用
	设计思维团队
	活动挂图板、自粘式便签纸
	1~2 小时

ERAF系统图是一种更好地研究见解的方法。它有助于理解一个系统中的所有元素及其相互作用。原则上，每个项目都可分为以下几部分：实体、关系、属性和流。

识别相互作用

- 实体是系统的可定义部分，是系统中的“主体”，如人、地点和事物（如学生、学校或书籍，也可以是项目、问题或目标）。
- 关系描述单元的连接方式。关系可被表述为“动词”，它描述连接方式。与大学有关的图表可能反映学校和学生之间的关系——例如，“大学为学生们提供各专业院系的知识网络”。关系可通过获得的数值而得以测量。

- 属性定义每个实体或每种关系的特征。属性充当系统中的“形容词”。定性属性包括名称、商标等。定量属性包括年龄、大小、费用、持续时间及可确定数量的其他维度。
- 流是实体之间的方向关系，就像“介词”，表示“从……到……”“前和后”“向里向外”等。流有两种形式：时间流，即指定与时间相关联的次序；地点流，如出／入口、反馈环或平行过程，展示事物通过系统的方式。

ERAF系统图表在两个层面上工作：一个层面是合成型的，将通过研究收集到的信息总结到一张单独的系统图中；另一个层面是分析型的，筛除现有的、即将出现的或潜在的问题中的不平等、缺失单元和其他缺陷。

合成型与分析型

做法

- 步骤1：辨别你的系统中的不同单元。请始终只确定对你的项目有重大影响的一个单元。在此过程中，请注意类比，列出包含待分析情境的人、地点、事情、组织等，将这些实体圈起来。

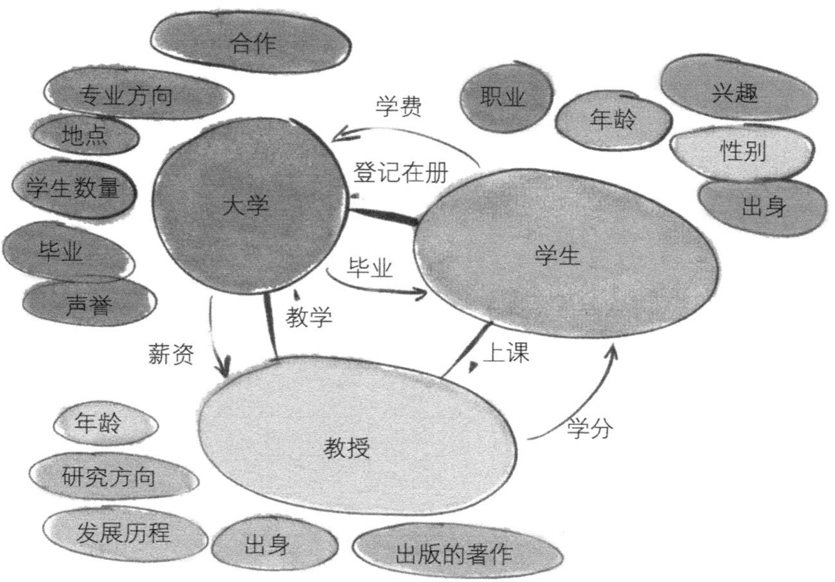

- 步骤2：辨别出不同实体之间的关系和流。请在图中用直线表示关系，用箭头表示流。请添加文本标签，以描述这些关系和流。
- 步骤3：定义对于项目而言重要的实体属性。请以小圆圈表示这些属性，并添加描述。请为详细分析输入属性值，如收入、年龄、性别等。
- 步骤4：系统图向你展示大量实体、关系、属性和流所组成的情境。请与团队一同检查此图，以确保所有元素均已充分、详细地体现在此系统图中。

优点

- 展示当前条件。
- 提供概述。
- 促进共同理解。

- 展示关系。
- 使现有知识结构化。
- 使信息图像化。

缺点

- 非常抽象。
- 看法主观。

38. 设计挑战

	定义
	为整个项目提出正确的关键问题
	设计思维团队
	便利贴、主持卡片、活动挂图板
	约 30 分钟至 2 小时

令人兴奋的挑战是“害羞”的——它喜欢隐藏在看似不重要的事情背后，因此，重要的是有针对性地使其成为中心。设计挑战是实现项目成果的决定性因素。

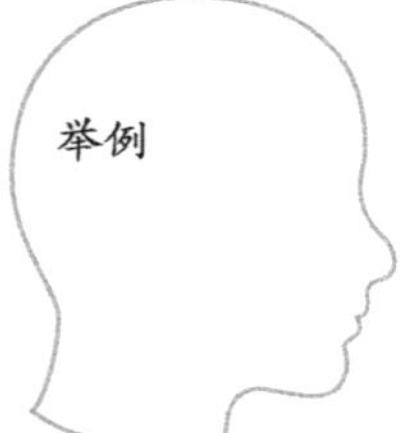

在一个项目中，我的任务是研究乘客打发旅途时间的方式。一个见解是“许多人在旅途中阅读”。该表述的设计挑战可能是“在乘公车期间，X女士终于有时间安静地阅读小说”。但这句话太长了，因为太多不重要的信息占据了大量空间。“读小说”又太短，其他人几乎无法根据这样的信息做些什么（自问第三人/旁观者可能对此如何思考是一个很好的测试，你可借此检验自己在两周之后是否还知道这番描述具体指的是什么）。我后来决定采用“旅途时间是读书的理想时间”这一表述，因为它传递了最重要的信息，而且短小精悍。

找到合适的设计挑战框架有助于你安排事情，发现关于解决方案的真实思考方式，并在模棱两可时澄清你的设计应朝哪个方向走。然而，这是一门艺术，有几件事必须注意，你应在刚开始时澄清：你的问题会产生真正的影响吗？它会生成大量的解决方案吗？它确实会考虑背景环境吗？

然后，你应该选出合适的挑战并将其完善，直到你获得一个令自己感到兴奋、你和你的团队都愿意为之而奋斗的挑战。

做法

- 步骤1：请你首先写下自己的设计挑战。其表述应能让所有参与者轻松记住——最好只通过一句话传达你想做的事情。请以解决方案为导向起草一个问题，并将此问题作为产生诸多其他想法的跳板。你会发现，你在起草时就已想到几个解决方案。尽管如此，你在此时还应耐心地等待。
- 步骤2：你以最终解决方案为导向起草问题，也促成了大量想法的出现——它们充分考虑了框架条件和背景环境。请你就上述因素（框架条件和背景环境）重新起草问题。
- 步骤3：设计挑战的另一个陷阱是问题的“大小”：问题涉及的面既不能太狭窄，也不能太宽泛。过于狭窄则无法为创新解决方案的开发提供足够的空间，过于宽泛则会让你不知应从哪里开始。

- 步骤4：再次检查你的问题的“大小”是否合适并进行重新表述。虽然重复让人心烦，但正确的问题是好的解决方案的关键。我在设计挑战时常常进行一项短暂测试，就是评定自己是否能在短短几分钟内想出五个可能的解决方案。如果能，那么说明我可能已经在正确的道路上。

优点

- 展现事物的当前状态。
- 促进共同理解。
- 使现有知识结构化。

缺点

- 就一个设计挑战达成一致非常困难。
- 可能非常耗时。

39. 发现并组合见解卡片

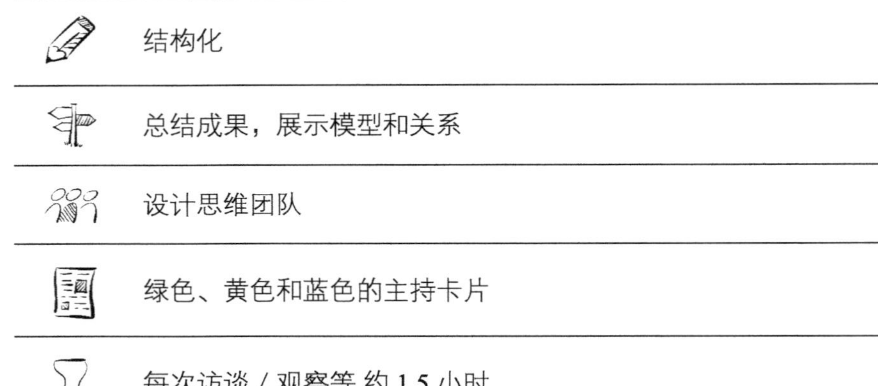

见解是一种洞察力，是你在前一阶段已获得的认知——识别的机会。现在，借助见解卡片，你可以回顾从前一阶段获得的信息，

从而展示模型和关系，或者总结前一阶段以及之后各阶段的成果。

见解是创意的出发点。见解的例子包括：“服用药物的用户既寻求隐私，又想找到相同的病友”“被诊断出患有重症的人们，以另一种方式看待世界”。

反思已获得的认知

趋势——技术、社会规范、时尚潮流或政治方面的改变，反映了不同群体或文化中较大的情感变化。例如，“人们大部分的时间在家里度过，因为这样更省钱”，或者“家长们通常不了解孩子的网上行为”。这两种趋势的表述都很激进，但都来自个人的观察和互动。现在，为了将见解与趋势相结合，你要有条不紊地检查曾被认为有用或重要的问题的各个方面。

请你使用此方法重新定义现有问题，将注意力从可能的框架条件上移开。当加深对特定主题的了解之后，你会关注现有的限制。见解卡片将提醒你，这些限制并不是一成不变的。见解卡片也将促使你检查主题的最重要因素。

做法

- 步骤1：识别你从观察、访谈及其他研究资料中获得的见解。你往往能识别出那些激进的、有趣的、独特的或出乎意料的见解。当你找到这些见解时，请为它们做上标记，并创建一个“为什么”问题——为什么用户做了这件事？为什么一个人以特定的方式进行回应？为什么要用特定的规则或过程构建这一系统？然后，请你通过讲述与之相应的可信故事，回答这些问题。回答通常包含一个见解。请将此见解写在一张主持卡片上。准则是：在每场约1小时左右的观察中，找出15~20个这样的见解。

- 步骤2：识别政治、电视、电影、艺术、饮食、音乐、技术及其他文化方面的趋势，将其写在或画在蓝色的主持卡片上。
- 步骤3：将趋势卡片与见解卡片随机组合，将蓝色和黄色的卡片混合在一起。迅速地拿起一张见解卡片和一张趋势卡片，由此产生可再次使用的新想法。你能想出一种新的产品、系统或服务，它可利用这一趋势，以满足见解的需求吗？请将新的想法写在或画在一张绿色卡片上。每个想法应花费不超过60秒。目标是识别尽可能多的想法，而不是仅尝试一种好的想法。

优点

- 条理清晰。
- 创造共同理解。
- 使缺陷可见。
- 有助于共同讨论。

缺点

- 焦点可能很快消失。
- 除了人们想要处理的问题，可能出现更多的问题。

40. 给奶奶的明信片

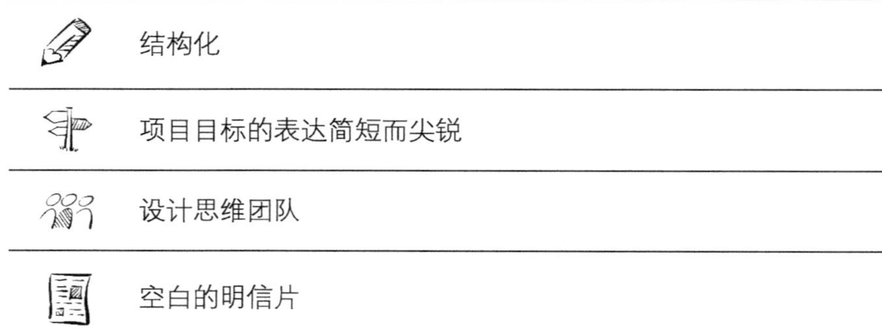

结构化

项目目标的表达简短而尖锐

设计思维团队

空白的明信片

20 分钟

此工具用于描述任务及项目目标，以便在最短的时间内发现精髓。这样，你和团队将快速了解一项任务或目标的相关内容。文本的篇幅应与明信片的大小相当，以便你能真正地聚焦精髓。

做法

- 步骤1：在卡片上写下四至五句话，使主题具体化，或者简明扼要地描述项目目标。
- 步骤2：请避免专业术语，使用通俗易懂的词汇解释主题。
- 步骤3：问题的表述应让门外汉也能很快理解。请立即用范例进行试验！

微小提示：特别之处有时藏于细节之中。因此，请你不要忽略了最重要的内容！

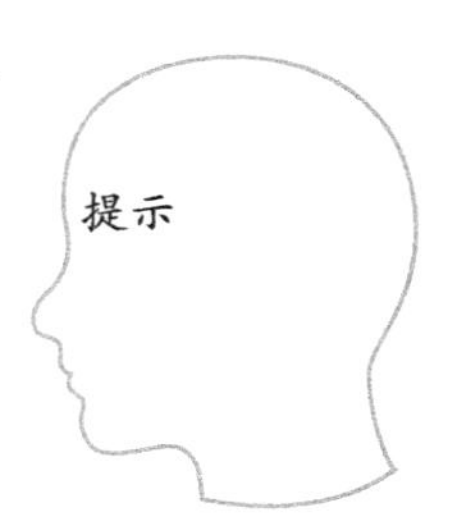

优点

- 快速了解最重要的内容。
- 不会迷失于细节。
- 将再次回顾主题并总结精髓。
- 简洁、易懂的沟通工具。

缺点

- 容易变得抽象。
- 重要的细节易被忽视。
- 可能出现歧义。

41. 用户响应分析

结构化

从用户调查、访谈中识别模型，并弄清用户认为最重要的事情

设计思维团队

表格、用于分析的数据、不同颜色的小卡片

2~3 小时

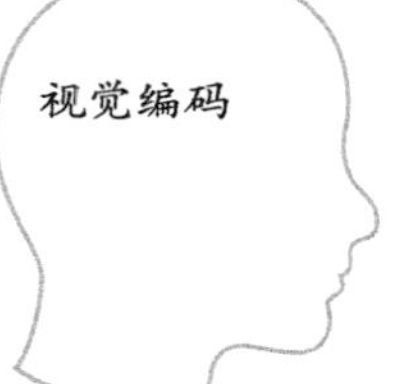

用户响应分析是一种采用色彩、大小等数据视觉化方法，来分析源自调查、问卷、访谈或其他人种学研究的大量定性数据的工具。该工具使用来自人种学研究的所有定性的、基于文本的数据，即用户所说的内容，并将其填入一张表格中。然后，通过关键词过滤器，这些数据被编排到特定的行和列中。借助视觉编码有助于识别可能的模型。视觉化方法不仅揭示模型，而且总结出用户认为最重要的事情。

做法

- 步骤1：将从调查、问卷及其他评估中得到的用户数据填入一张电子表格中。
- 步骤2：确定你想要分析的具体对象：一个组、一个组的一部分（如按照活动类型、年龄、性别、使用频率），或者干脆是单个数据。请选出用于对比的主题——可能是问卷中的特殊问题、访谈的主题等。请为不同主题的结果制定一张表格，为数据分类，以供对比。

- 步骤3：确定你想要如何进行搜索，哪些关键词对你而言是重要的。例如，使用“购物”这一关键词搜索到的结果，对于你的分析来说可能过于笼统。加上“食品店”或“零售”等附加关键词能更快地呈现结果并立即发挥作用。
- 步骤4：请使用色彩、形状、字号等视觉化支持工具，以便在你的结果中标记模型。例如，可根据年龄、性别或用户反应类型，对用户反应进行颜色编码。这种视觉编码会产生宏观视图，呈现出体现不同数据之间新关系的集群。
- 步骤5：视觉化分析，以便识别模型、相似性及不一致性，如两个数据项之间记录数量的差别。例如，通过视觉化，你将立刻看到不同年龄组的购物方式，谁倾向于在线购物，谁倾向于实体店购物。请用颜色突出共同点和区别，思考它们可能对什么产生影响并将这些见解视觉化。
- 步骤6：总结你的分析和见解并与团队成员分享。
- 步骤7：当你发觉还缺少其他信息或分析，未带来足够的启发时，请另外写下你继续进行数据或事实分析所需收集的具体信息。

优点

- 实现了系统化分析。
- 可更加轻松地处理大量数据。
- 分析通道。
- 清楚地显示模型。

缺点

- 抽象。
- 仅关注数据，缺少移情通道。

42. 从观察到见解

	定义
	从观察中提取出有价值的见解
	设计思维团队
	便利贴、活动挂图板
	2~3 小时

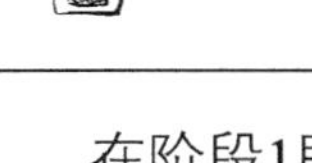

在阶段1即建立共情阶段，你通过观察，收集了大量有关人们及背景环境的知识。现在，借助此工具，你将系统地再次思考所有这些观察，并提取出有价值的见解。

见解在这里指的是我们在某种场合或通过共同理解而认识到的事物的“内在本质”。它包含基于我们追根溯源的阐释的观察所得，我们从中提取出普遍接受的、关于共同客观理解的阐释。最重要的见解常常并不明显，而且几乎总是出人意料。例如，对观察的描述可能是“在就座之前，人们常将自己的椅子挪离原始位置几厘米”，与之相应的见解可能是“在人们占有某种事物之前，他们向自己和其他人表明对该事物的控制权”。

- 步骤1：收集观察结果，不作评价地描述自己的所见所闻。你可在自己的笔记、照片、录像／录音、其他方法等事实和结果中找到观察结果。请为每个观察结果写一句关于发生事件的简短陈述。在这种情况下，对观察的描述不应包含任何阐释、分析或评价。
- 步骤2：询问“为什么”，在团队中找到共同的理由。寻找行动和行为方式的逻辑论证。记录所有的见解，并选出其中最好的几个。
- 步骤3：描述这些见解——为每个见解写一条简短而客观的表述。见解应作为一般性表述被记录下来，因为它体现的是源于特定观察的更高层次的学习。“人们在就座前挪动椅子——以表示其对椅子的控制权”，这一表述是一种好的阐释，但过于精确，因为你在此仅将行为与人们占有的可移动事物相关联。“在人们占有事物之前，他们表明对该事物的控制权，作为对自己的一种自主声明”，这是更加概括性的解释。
- 步骤4：为这些见解组建集群。收集所有的观察结果和表格中相应的见解。请注意，可能多个观察产生一个见解，也可能多个见解来自一个观察。
- 步骤5：讨论和提炼收集到的数据。请在小组中讨论：在这些认知中，哪些出人意料？哪些不明显？见解的收集是否足够广泛，以覆盖整个主题？需要进行更多的研究或验证吗？

优点

- 支持从认识到想法的过渡。
- 建立知识库。

- 有助于完整性。
- 使过程透明。
- 促进共同理解。

缺点

- 看法主观。
- 假设需要首先验证。

按语4：德布林的创新十型

创新带来内部和外部的创造力，但创新有不同的类型。1998年，德布林发展有限责任公司（如今是德勤公司的一部分，以下简称德布林）开创了一种模式，向企业展示能够在组织内部进行创新的多个方法和领域。德布林认为，只要专注于创新十型中的至少四种，每个企业都能成功创新。企业运用这些知识，以表明该行业的最新创新趋势，尤其是可能即将开展的研究计划。德布林建议，无论何种行业，都可以选择在三个领域之一进行创新探究——配制、产品、体验。在这三个领域，共有十种不同类型的创新。金融领域的创新有商业模式创新和网络创新。流程创新既包括关键流程，又包括组织用于开发产品的流程及其他新的可能性。产品领域的创新是指产品性能、产品系统和服务。供货领域有渠道体验、品牌体验或客户体验等创新类型。

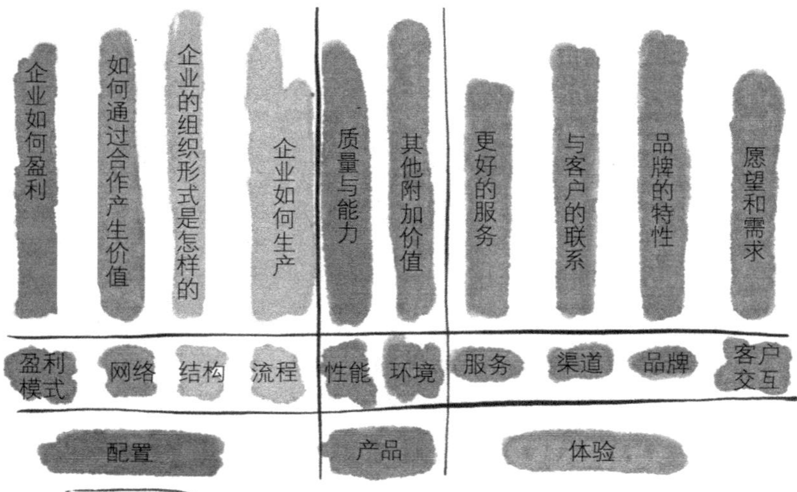

- 步骤1：收集行业信息。执行数据库搜索，仔细检查所有报告并询问行业专家，以发现行业中最重要的发展趋势。
- 步骤2：寻找行业中的创新并记录，然后将其分入各领域。

1. 配置：最成功的企业如何能通过创新产生销售额?

— 盈利模式：展示企业的盈利方式。创新的实例如吉列，尽管低价销售剃须刀柄，但其主要通过剃须刀片获利，因而在向消费者宣传时强调，刀片是一次性的，无须磨锋利或长期保存。

— 网络：通过与他人合作产生价值。我们如今比以往任何时候联系更加紧密。对于企业而言，重要的是与他人合作，以便从他们的流程、技术或品牌信誉中学习。美国零售企业塔吉特是一个很好的范例，它的伙伴关系网络广泛，其中还包括设计了一系列厨具的建筑师迈克尔·格雷夫斯（Michael Graves）。

— 结构：企业的组织方式是怎样的？它们培养哪些人才？企业做得好，他人就难以复制。Zappos就是结构创新的一个实例。

— 流程：企业如何生产产品和提供服务？可能是专利方法，也可能是非常特别的方法。Zara在零售行业因“数周之内从草图到成品进店”的方法而出名。

2．产品：什么样的创新能让自己不同于其他企业？

— 性能：企业产品的质量和能力。这一点常常被视为创新的全部，其固然重要，但仅仅是创新十型之一。例如，戴森的无防尘袋双层气旋技术，此项创新历时15年，耗费了5 000多个样机。

— 环境：你如何创造附加价值？你怎样才能添加其他企业的产品和服务，或者结合多个产品，以显著创造更多的价值？ Mozilla网页浏览器基于开源软件，使开发者能够制作插件以丰富产品。

3．体验：客户体验领域的行业创新是什么？行业中最重要的客户体验有哪些？

— 服务：你的产品怎样才能操作更简单并提供更多的乐趣或更高的性价比？Zappos以其客户服务而著称——员工主动解决客户的问题，即使这意味着数小时的电话沟通或送花。

— 渠道：你如何与你的客户联系？这种创新方式区别于网络，因为其重点是你与某人联系的方式，而不是与谁合作。耐克的Niketown旗舰店通过请篮球明星展示产品，为客户提供独一无二的体验。

- 品牌：你的品牌可能是一项简单但特别的创新。维珍就是一个经典案例。该企业提供多项服务，如维珍大西洋航空、维珍唱片、维珍列车和维珍银河。品牌维珍代表着它的特别和有趣。
- 客户交互：你如何理解客户的愿望和需求？你怎样与你的客户互动？企业怎样将客户纳入其网络中，以便更好地为他们服务？苹果公司是支持粉丝参与的范例。

- 步骤3：将不同的创新列入一张图表。为此，收集步骤2的结果，并为之添加一小段描述。请确保覆盖行业的各个方面。请为十种类型的创新分别制作柱状图或折线图。
- 步骤4：寻找见解，分析并讨论可能性。检查创新十型。创新的原因是否明显？写下你的认识，与团队分享并讨论创新可能性。

由上述创新的不同组合所产生的创新最成功。耐克就是一个实例。耐克以一种产品起家，此后在运动服饰和运动装备行业遥遥领先。1985年，耐克凭借篮球明星迈克尔·乔丹的支持，实现了令人瞩目的创新。1990年，Niketown渠道诞生，成为“零售业的剧场”。Niketown旗舰店耗资数百万美元，耐克不指望通过其销售商品而实现投资回报，仅将其作为一种产品宣传手段。

耐克设计出了领先的产品“Nike+”，其属于运动时尚系列，使跑步者和运动员能够跟踪自己的运动数据。该系列整合了苹果产品，并与苹果公司建立了独一无二的网络伙伴关系。耐克始终保持着世界领先品牌的地位。

阶段3　产生想法

概要

“一个新想法是非常脆弱的。它可能被一声嘲笑或一个哈欠扼杀，可能被一句嘲讽刺中身亡，或者仅因某位权威人士皱一下眉便无疾而终。”

——查尔斯·布劳尔

阶段3的目标是为项目主题产生创新想法。你将用到在阶段1收集到的信息，以激发创造性，制定与各主题的背景环境协调一致的解决方案。

然而，比工具重要得多的是参与想法产生过程的不同的人。小组不是真正的项目团队，而是由各专业相关领域的用户和专业人士组成的群体。收集各专业知识的目的在于，提供补充的视角，以创造尽可能好的最终结果。

头脑风暴

产生想法的阶段3一般由项目团队开启。项目团队针对待研究的主题进行头脑风暴（最常用于产生想法的工具之一）。然后，根据项目需要，至少安排一个与用户或客户企业员工的会面过程。在设计思维中，我们认为所有人都具有创造性，但在日常生活中很多人不认为自己具有创造性。人们拥有与生俱来的创作源泉。它主要体现在人们的兴趣爱好、工作及子女身上。在正确的时间使用正确的工具，最终每个人都能制定出创新的解决方案。

你将此过程中产生的想法写在自己的主持卡片或便利贴上，然后在与客户的会议中进一步验证这些想法——如借助决策矩阵或原型矩阵。

首先找到想法，然后评估想法

扼杀新想法确实轻而易举。一个轻蔑的眼神（尤其是上级的）或一句不假思索的话就可能足以让一个新想法无条件地永远消失。想法越创新，这种危险就越大，因为激进的新想法会质疑既定的规则和标准，从而立即引发他人的抵制。因此，重要的是在此阶段严格地将生成想法和评估想法分开。

没有坏想法

没有好想法，也没有坏想法，所有想法都具有同等价值。也就是说，所有人都拥有同等的机会！

保持专注

对于结果的质量而言，没有什么比知道你在设计思维过程中所处的阶段更为重要的了，因为不同阶段有不同的重点，要求不同的能力。

数量胜过质量

数量胜过质量。这意味着此阶段将产生尽可能多的想法。别担心，之后还将对想法进行挑选、分析和评估，但要等到适当的时候。

避免批判

不是每个人都对所有的解决方案感兴趣，避免批判为更多的创造性和新的解决方案奠定基础。想法越多，组合就越多，而这显著提升了产生真正的创新解决方案的可能性！

玩得开心

只有那些摆脱烦恼和恐惧的人，才能获得真正的创造力。因此，头脑风暴应该让所有人感到有趣。参与者最终也更有信心表明自己的立场，说出自己的想法。

经常失败和尽早失败

不要害怕失败！能容忍失败的企业，其体制往往比较灵活而非僵化。而且早期的失败能促进相应想法的建设性继续发展，复杂问题也将很快以简单的方式得到解决。

把头衔留在门口

没有跨学科团队，设计思维就无法进行。更重要的是团队成员要感到舒适，平等地相互沟通。因此，领导在即兴会议中无一席之地。这一方面促进成员更加开放，另一方面也使得新想法的发现和表达更加简单。那些之后想回到旧结构中的人，可直接在门口重新拿起头衔。

敢于疯狂

请让你的想象力自由发挥。每个想法都有实施的可能性，即使最疯狂的想法！在最糟糕的情况下，想法“仅”为之后的解决方案提供重要推动力。

不要说，只管做

每次设计思维即兴会议的时间都过得极快。为了能战胜挑战，严格的时间管理和固定的结构尤为重要。每个练习都针对一个明确的目标。令许多人没有预料到的是，时间压力促使拥有巨大潜力的想法产生。因为我们被迫立即解决问题，之后才进行分析。

这样评估你的想法

根据复杂程度，我在整体评估、辩证评估和分析评估中进行选择。

1．整体评估

每个想法作为整体受到评估，不进一步评估各个方面。

- 挑葡萄干：每个参与者自发地选出自己最喜欢的五个想法。然后进一步讨论、加工这些想法。
- 点粘法：通过这种方法，每个参与者都会收到相同数量的粘贴点，并在列表中的各个想法之间尽快分配它们，从而通过每个想法所获粘贴数量的多少产生更加差异化的意见。
- 成对比较：将每个想法与另一个想法进行对比，实现对想法的评估，进而产生想法排序。

2．辩证评估

在没有其他标准的情况下，将想法的优点和缺点相对照，为真正的决策做准备。

- 正反论点目录：为每个想法起草不同的正反论点，分为两列列出，通过随后的点粘法进行决策。
- 想法律师：为每个想法配备自己的“律师”，代表想法的独特偏好，然后进行成对比较或实用价值分析。

3．分析评估

按照各自的标准对想法进行评估，还要顾及想法可理解和与目标进行比对的可能性，即使存在可能忽略想法的整体效果的风险。

- 必选项：一个想法若不满足之前确定的特定充分必要条件，则应被淘汰。
- 应选项或是–否选项：为此，首先要制定标准，其次该标准有一定的容限。
- 必选项和应选项适用于快速淘汰掉不合适的想法。
- 检查清单：应以想法为基础勾选以问题形式表述的标准，或者按等级进行评估。
- 实用价值分析：渐进标准（上市时间或投资规模）按等级进行评分；此外，各个标准也根据其重要性被赋予权重。综合两种测量值计算得出总分，并给出一个排列顺序。
- 组合分析：两个不同的特征参数可能集多项标准于一身，在矩阵上分列于两轴。组合分析的目标是从想法的定位中得出实施的优先级。可能的维度如：
  — 市场风险和技术风险。

– 市场吸引力和专业技能运用。

- 经济性计算：根据可能的方法，对创新计划在整个制订及实施期间的收支进行计算。

OTTO案例分析：思考、学习、创造——OTTO的创新日活动（Innodays @OTTO）

2015年，OTTO首次举办OTTO创新日活动，邀请了研发部的员工参加。仅一年之后，该企业便将此活动向外部员工和专业部门开放。OTTO创新日活动的目标在于：跳出以技术为焦点的思维模式，更多地进行创造性思维。为此，OTTO设立了一个为期两周的自有项目，其使命包括：

1. 与OTTO专家一起寻找能为客户带来相关利益的创新想法。

2. 发现未知、研究复杂问题以及从用户反馈中学习。

3. 为OTTO电子商务平台的发展进行创新。

为达成上述使命，OTTO定义了三种设计挑战，并在企业内部进行了明确沟通：

1. 你在哪，OTTO就在哪。

2. 充分的数据渴求。

3. 减少到最大值。

学习和知识是创新的前提

起初的为期八天的想法阶段是为了给团队提供灵感，发展想法，以及最终将这些想法构建成适合实施的原型。在接下来的三天实施阶段，团队将选出的想法付诸实践，以便在一周结束时呈现原型并进行评估。实施阶段过后是决策阶段和另一个单独的实施阶段。

在想法阶段，团队不仅收集想法，还传授知识。工具、访谈及原型开发占据中心地位。本阶段旨在让非程序员也能体验到，在准备期间就能学到很多关于想法的知识，即使此想法原先“仅仅”是纸上原型。

成功要素：探究已有的商业模式

接下来，这些想法将在企业内部得到介绍，人们将就这些想法是否能够实施进行表决。拥有想法辩护者最多的团队，方能实施自己的想法。没有任何人感兴趣的想法不会被继续跟进。为激励团队，企业将在创新空间对想法进行加工——当然要借助软件。在此期间，一些团队立即将代码直接整合到高效运行的平台中。然后，陪审团和参与者对想法进行评估。获胜的想法将进入“重新考虑”环节，再次被评估其与OTTO战略的吻合程度，如符合企业战略，则将很快作为项目得到实施。这体现了创新的严肃性。在第二个的实施阶段，获胜队伍被允许继续就此主题开展工作四周。

项目主管萨布丽娜·豪普特曼（Sabrina Hauptmann）说：“电子商务领域的座右铭是‘更敏捷、更快速、更创新’。为了取得成功，企业必须探究和继续发展已有的商业模式。OTTO拥有全德国最大的电子商务平台。我们不仅致力于发展，而且重视部署和运营等方面。成功不言自明。”

热身

在设计思维过程中，本阶段比其他任何阶段更需要创造性。为实现创造性以及让我们的头脑得到一次释放，我们应通过活动活跃气氛，摆脱自身视角的束缚。活动越有趣，之后越容易产生创意。

山和谷

	情绪兴奋剂
	增进沟通
	3 人以上
	椅子
	约 15 分钟
	• 促进沟通 • 通过活动活跃气氛 • 参与者发现自己的创造性 • 推动想法的产生
	• 故事可能失去控制 • 参与者能够快速思考 • 参与者身体灵活、健康

做法

- 步骤1：主持人开始讲述故事。参与者在房间里分散而立。
- 步骤2：参与者完成主持人提到的活动，如过桥、跳几节台阶、野餐等。
- 步骤3：当出现“山”这个字时，所有参与者必须尽快到达更高的平面，如爬上椅子或桌子。
- 步骤4：最后一个留在地面上的人继续讲述故事。
- 步骤5：当出现“谷”这个字时，所有人必须坐到地上。最后一个坐下的人继续讲故事。

翻转地毯

	团队建设
	增进组内沟通
	6~10 人
	地毯或大块布料
	5~10 分钟
	• 成本低廉 • 增进沟通 • 促进团队建设
	• 可能演变为争吵，尤其是强势的人 • 需要很大空间

“翻转地毯”游戏的准备成本低，规则简单，可增进组内沟通和团队建设。

做法

- 步骤1：所有参与者站在地毯上，如果没有地毯，以遮篷、大块布料等代替。
- 步骤2：接着，参与者共同翻转地毯（使正面朝下），其间不能有任何人接触地面，当然也禁止采用其他辅助手段，“转移”到其他物体（椅子等）上也不行。

工具

43. 6-3-5法

	产生想法
	产生想法
	6 人 + 主持人
	6 张白纸
	20~30 分钟

6-3-5法的目标是，产生更多的创造性问题解决方案。当需要快速寻找大量的想法或建议并且有团队支持时，我总是选用这一方法。

做法

为能实施此方法，你需要一位组长来担任主持，收集纸张上的想法并在黑板上进行总结。待一个6人小组在约20分钟内（6次3分钟思考以及每次的记录时间）收集了108个想法之后，对这些想法进行私下评估，然后组建多个小组，继续创造性地产生更多的想法。

- 步骤1：请首先用一句简短的话介绍待解决的问题。
- 步骤2：接着，给6个参与者各发一张纸，整张纸被划分为3列6行，共18个空格。

- 步骤3：每个参与者在前三行写下对于解决问题的想法。
- 步骤4：参与者围成一圈，两三分钟后，向身旁的队友传递纸。接着，收到纸的人应努力研究、补充和继续扩展已产生的想法。此过程不断继续，直到每个人重新收到自己的纸为止。因此，6-3-5法也被称为交换戒指法。
- 当已进行5轮传递且所有空格都已填满想法后，团队在短时间内获得了大量的想法或方法，便于接下来进一步分析讨论。

优点

- 流程结构化。

- 保证了想法的最小输出量。

缺点

- 可能要求过高。
- 自己的想法受到上一个人的输出的限制。
- 缺乏匿名性。

44. 模拟模型

	产生想法
	获得灵感和新的认知，理解成功（或失败）
	设计思维团队
	活动挂图板、便利贴
	20~40 分钟

有时候，从当前的情境出发，有助于你观察其他类似情境，与此同时，你还能获得全新的实用知识。模拟模型对此非常有帮助，模拟模型是指存在于其他领域且与待研究的情境具有相似性的行为方式、结构或过程。通过研究和比较这些行为方式、结构或过程，你可以更好地理解关于自身情境的思考，并获得新的灵感。此工具尤其有助于理解成功或失败，以及思考如何避免失败。

举例

- 开尔文勋爵注意到阳光在他的单片眼镜上的反射方式，因此发明了镜式电流计。
- 本杰明·富兰克林根据他的观察发明了避雷针：为进行实

验，他在雷雨期间用金属丝放风筝。风筝被闪电击中，金属丝将电荷传导至地面，然后他用莱顿瓶（电容器）把电荷收集起来。富兰克林用这一试验证明闪电带有电荷。

- 一位不知名的海军将领受水上滑行运动员的启发发明了航空母舰的发射台。
- 魔术贴的发明者在模拟植物特性的基础上产生了这一想法。

模拟与创造性

研究发现，模拟一方面与隐喻有很强的相关性，另一方面与创造力有很强的相关性。隐喻有助于：

- 识别和领会设计理念。
- 定义目标和要求。
- 构思非常规的解决方案。
- 反映问题。
- 摆脱前期的问题限制所产生的局限性。
- 研究不同寻常的备用设计方案。
- 与设计问题创建新联系。

可能的模拟和隐喻

- 系统和结构。
- 元素（形状、颜色、材质、物理状态）
  - 这些元素之间的关系。
  - 功能。
  - 系统环境。

曾经有一位高级珠宝商委托我解决问题，因为他的客户难以决定购买哪件首饰——他们不知道，哪件首饰与自己的服装相称。我通过模拟来展示首饰，让客户不再质疑它是否适合自己及周围环境。为此，我进行了不同领域的两种模拟。首先是服装行业——我们在陈列橱窗中摆放了一个模特，并对其进行相应装扮。其次是上门服务的模拟：珠宝商为特别重要的客户送货到家，或者以较低的费用将首饰租给客户使用一晚。这样，客户便能将首饰与自己的衣服进行搭配，从而更轻松地做出选择。

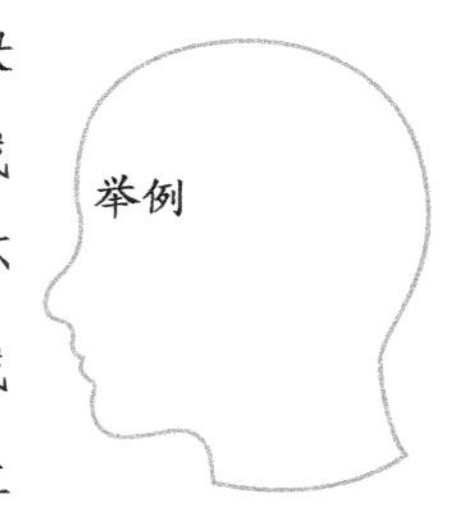

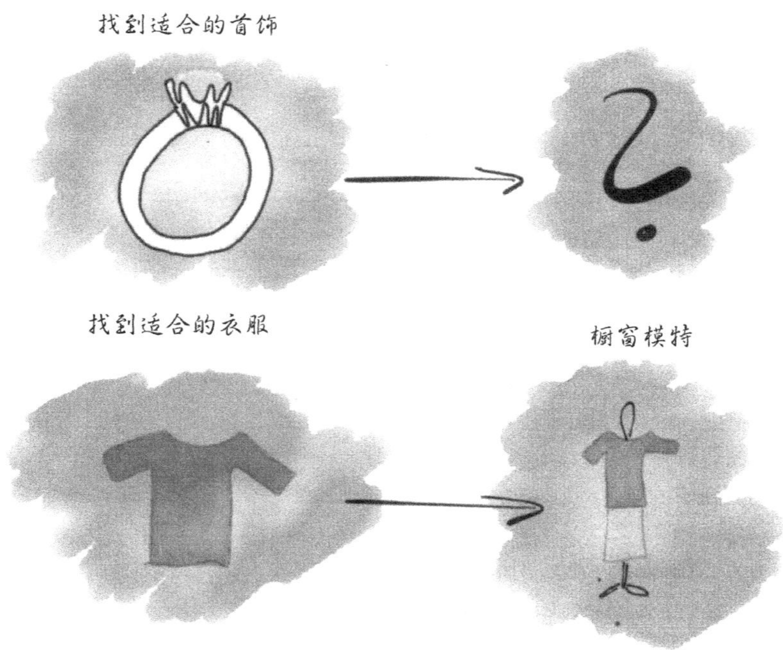

做法

- 步骤1：请首先识别项目的关键方面，它们之后将被塑造成包含行为方式、结构和过程的概念模型。例如，当你实施关于品牌忠诚度的项目时，归属感的想法将提供进一步的帮助。请寻找构建于归属感想法之上的其他解决方案。
- 步骤2：请描述模拟模型并将其可视化。写一个简短的解释，为什么这一模拟模型可能与你的项目有关，相关程度有多大。请用流程图将模型可视化，展示所选择的模拟模型的运作方式。请将参与者、关系和过程加入流程图中。
- 步骤3：请比较不同的模拟模型，以便从中获得见解。在团队内部讨论图表，并将你的项目背景与这些模拟模型进行对比。请思考，这些模型是否会对你的项目产生影响；若会，可能产生哪些影响。

优点

- 展示不同的可能性。
- 有助于理解最佳实践。
- 简化对比。
- 使挑战和假设一目了然。

缺点

- 抽象。
- 必须深思熟虑。

45. 蓝海战略

	产生想法
	变革商业模式、创造新市场、换醒新需求
	设计思维团队
	活动挂图板
	数小时

在一个行业中，许多企业向它们的直接竞争对手看齐，与之进行比较，复制别人的创意和创新——不仅未能凸显自己的独特卖点，反而与他人愈发相似。企业常常通过价格使自己与众不同，却在很大程度上对自身造成危害——它们因此进入了所谓的红海。红海是指将全部精力用于打击竞争对手和利用现有市场。

与之相反，蓝海是指一个企业自主创造的新市场，尚没有竞争或竞争较小。企业因此唤醒了新的需求。新需求为客户与非客户带来独一无二的新利益。著名案例包括星巴克、廉价航空及太阳马戏团。

创造新市场

蓝海战略的两位创始人，W. 钱·金（W. Chan Kim）和勒妮·莫博涅（Renee Mauborgne），展示了变革商业模式和创造新机会的谋略。

做法

- 步骤1：首先从客户角度确定产品最重要的特征。发掘这些特征在竞争对手或类似产品上的表现情况，并用价值曲线加以呈现。通过价值曲线，你创建了自己的企业与竞争对手的直接对比。产品的核心元素将被可视化，改变产品和开发新市场的可能性得以展现。你可将产品的核心元素记入横轴，将其重要程度记入纵轴。

- 步骤2：开发基于消除—减少—创造—增强的商业模式。该商业模式对以下核心属性及核心特征提出质疑。
  - 消除：哪些核心属性可被完全消除?
  - 减少：哪些已知的核心属性应位于行业平均水平以下?
  - 创造：可新发展哪些未知的核心属性?
  - 增强：哪些核心属性应位于行业平均水平以上?

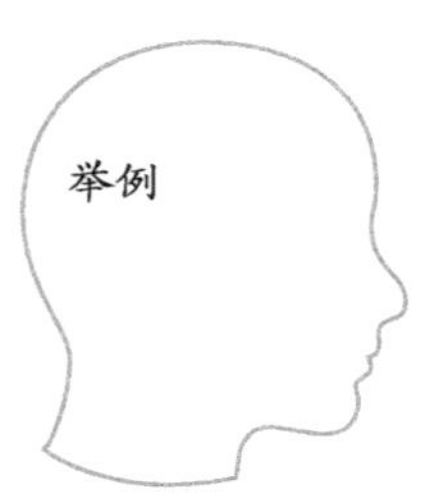

航空公司通过互联网简化了航班预订服务，但为了能显著降低价格，航空公司不得不以降低乘客的舒适度为代价，如免供机上餐食等。这样一来，飞行不再是有钱人的特权，而成为所有人都可使用的交通手段。

优点

- 应用相对简单。
- 尤其适合中小型企业。

缺点

- 非常复杂。
- 付出精力多。
- 分析型。

46. 身体风暴

	产生想法
	快速产生想法、测试草案和产品
	设计思维团队
	笔记簿、笔
	约 10~30 分钟

运用此工具时，你需要借助道具，使自己置身于特定的情境之中，由此你可以快速产生想法，或者测试基于各自背景和用户行为的草案及产品。我经常使用此工具，一次又一次地因其出色的结果而着迷！

做法

- 步骤1：要求参与者将自己置于一种特定的情境中——可借助道具。
- 步骤2：开发一个与项目有关的剧本。
- 步骤3：检查剧本，请参与者进入各自的角色并进行演绎。
- 步骤4：询问参与者的体验和直观反应。
- 步骤5：将新的认知整合到你的构思中并有意识地进行感受。

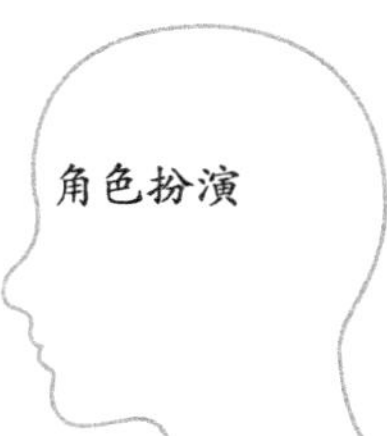

优点

- 结果可由第三方观察并进行分析。
- 相互作用的受试者可立刻将即兴想出的解决方案和想法融入

“剧本”中。

- 直觉将被激发。

缺点

- 参与者不能害怕犯错，要勇于走出自我。
- 不建议内向的受试者使用此工具。
- 参与者在情境中产生共情的能力，对于成功同样重要。

47. 头脑写作

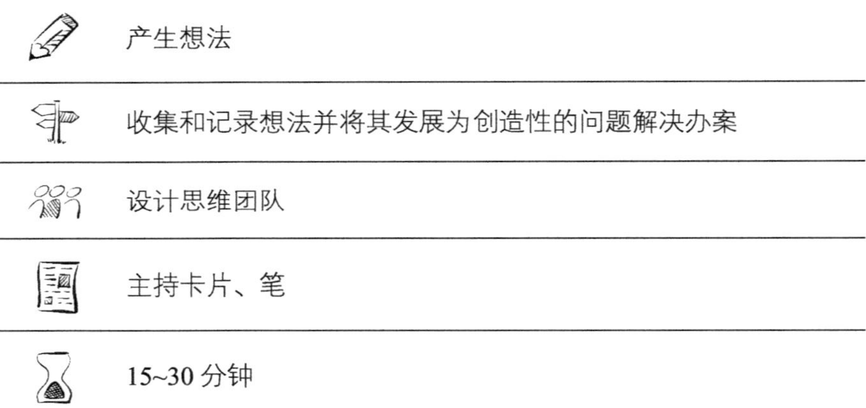

	产生想法
	收集和记录想法并将其发展为创造性的问题解决办案
	设计思维团队
	主持卡片、笔
	15~30 分钟

与头脑风暴不同，头脑写作的目标不是以其他参与者的心理表现为依据的，而是独立于团队，收集和记录想法，之后进一步发展为创造性的问题解决方案。

在进行头脑写作时，请你注意将可能抑制想法产生的所有因素最小化。参与者应不受任何限制地产生想法和 / 或将自己的想法与其他想法结合。在理想情况下，参与者在互相讨论想法时会得到灵感。

头脑写作分为两个阶段：第一阶段用于产生想法和创建关联。因此，在此阶段禁止评价他人或自己的想法，因为这会导致参与者的内部审查，增加产生新想法的难度。在第二阶段将对想法进行详细评价，并筛选出最好的想法。

相互启发

- 步骤1：请所有参与者围着桌子坐下。在桌子中央摆放一叠空白的主持卡片。
- 步骤2：每位参与者分别取一张卡片，写下自己的一个想法。
- 步骤3：接着，参与者将自己的卡片传递给左边的邻座，再取一张空白卡片，写下另一个想法，然后把卡片传给右边的邻座。对每个想法都进行同样的操作。
- 步骤4：邻座将快速阅读收到的卡片，可能对想法进行一些补充，然后继续传递。如果人们正忙于写想法，那么作为替代方案，也可不阅读卡片直接传递下去。
- 步骤5：当参与者重新收到自己的卡片且不想继续进行补充时，就将卡片堆放在桌子中央。
- 步骤6：一时间想不出新的想法的参与者，可以从卡片堆里任意取出一张卡片，对其进行补充，然后重新让卡片循环。

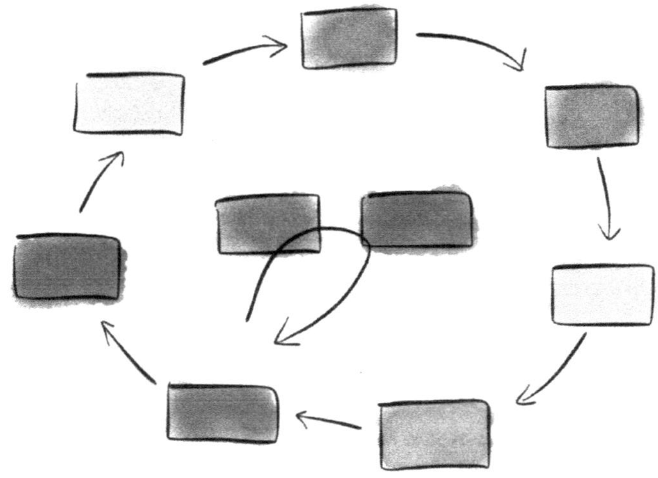

一段时间之后，当所有参与者都没有新想法，而且卡片都已经过多次循环、不再有补充时，头脑写作过程结束，可对想法进行分析评估。

优点

- 可记录平常较为被动或安静的参与者的想法。
- 因为卡片上的想法是匿名写的，所以，批判性的想法和建议也能得以表露。

缺点

- 想法的成功收集取决于主持人的能力。

48. 德尔菲法

	分析
	确定未来趋势和解决方案
	设计思维团队、挑选出的专家
	事先制作的问卷
	随意；但通常为几个月

德尔菲法是一种决策程序，在其框架下，专家在多轮调查中给出自己的评价。最终，专家尝试为复杂问题确定未来趋势和解决方案，产生新的想法，做出意义深远的决策，或者直接给出关于不明确事实的意见。德尔菲法是战略分析工具之一。

德尔菲法的运用可追溯到公元前8世纪，它在当时就已是向人们寻求建议的一种决策辅助工具。

在新时代使用此方法的最初迹象源于1948年。当时，该方法被用于预测赛狗或赛马比赛的结果。到了20世纪70年代，德尔菲法更广泛地为公众所应用。

做法

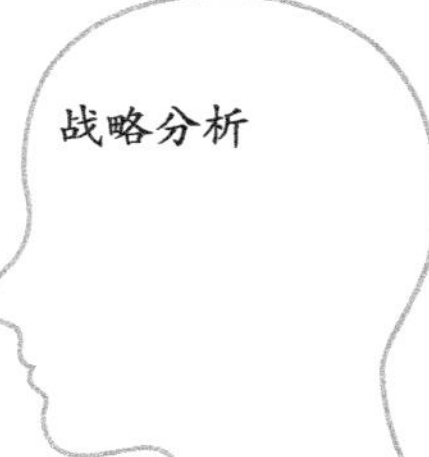

- 步骤1：请先定义各个调查目标，以便消除可能的失望、错误评价及疏忽。此外，确定各专业领域的专家并邀请他们参与调查。
- 步骤2：下一步是制定问卷并发送给参与的专家。调查至少重复一轮。理想情况下，匿名问卷应可通过ID号辨别，以便能理解多轮评估及观点的形成过程。调查次数取决于研究目的，最优值是在准确度可接受前提下的最少轮数。
- 步骤3：专家对于前一轮（或几轮）的调查分析结果的反馈或信息，如平均值、极值、口头表达及差异，也是调查的重要组成部分之一。通过每一轮调查后的信息交流，专家之间最终将产生尽可能高的一致性，预测也更加准确。
- 步骤4：调查以总结报告结束。你在总结报告中记录结果，并得出对实践的建议。

提示

重要提示：德尔菲法实施时间随意，但通常长达几个月，而且成本相对较高。因此，专家必须具备长期合作的积极性，以避免参与中断。这也可通过跟进措施、经济奖励等实现。

优点

- 有助于较好地了解专家的评估意见。
- 更容易领会对于趋势发展的推论。

缺点

- 实施较为复杂。
- 需要大量的方法、知识。
- 只适合大型项目。

49. 哈里斯法

	分析
	评估想法
	设计思维团队
	纸、笔、活动挂图板
	视方案数量而定，约 20 分钟

你可借助哈里斯法评价早期收集到的想法，以决定如何进一步发展。作为结果，你将得到一张想法列表，上面列明了各种想法，如你能够在原型设计阶段（参见阶段4）继续发展的想法。此外，你将清楚地了解到，哪些方案分别符合哪些要求。

明确直觉

此工具始终能够帮助我比较和评价一系列的备选产品方案。其重点在于明确直觉，以便与他人进行讨论。

哈里斯法可用在设计过程的所有阶段，但最典型的是应用于产生想法阶段。

做法

- 步骤1：定义并列出对于成功方案而言的重要要求。
- 步骤2：除要求列表，为每个方案写下你想测试的四点矩阵。矩阵的标度是–2，–1，+1，+2。
- 步骤3：浏览不同的方案，并在要求的基础之上评价每个方案。各方案将如何实现要求？如果方案非常符合要求，请以+2标记；如果非常不符合要求，请以–2标记。
- 步骤4： 评价完所有方案之后，请后退一步，以获得对所有方案的整体概览。
- 现在，你可根据方案对不同要求的符合程度继续进行筛选，直到选出一个最符合要求的方案。

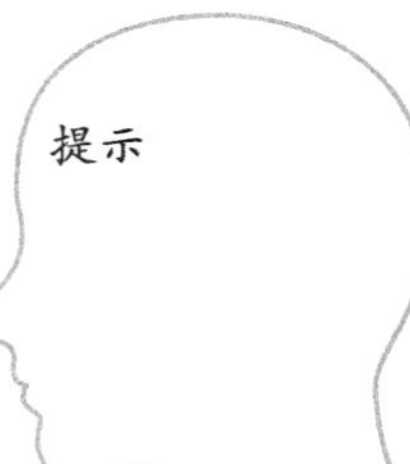

重要提示： 请用不同的颜色标记正负栏。这有助于快速将信息可视化。

	想法 1	想法 2	想法 3
易存放	+2	–2	+1
稳定性好	–1	+2	+1
重量轻	+1	–1	-2
制造成本低廉	+1	–1	–1
对环境无害	+2	–1	–1
易于定制	–2	+1	+2

优点

- 提供很好的概览。
- 有助于快速评估想法。
- 实施快速简便。

缺点

- 矩阵可能总被以不同的方式解读，因此难以进行对比。
- 存在对方案的直觉预测——可靠性较低。

50. 现场巡视

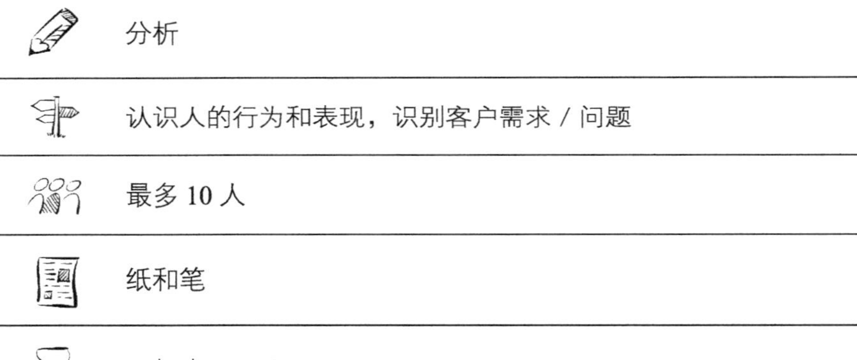

	分析
	认识人的行为和表现，识别客户需求 / 问题
	最多 10 人
	纸和笔
	1 小时至 1 天

现场巡视最初起源于工业质量管理，但作为质量观察方法，同样也可用于识别客户需求、客户问题，以及设计一项新产品、服务和 / 或一种可持续的商业模式。

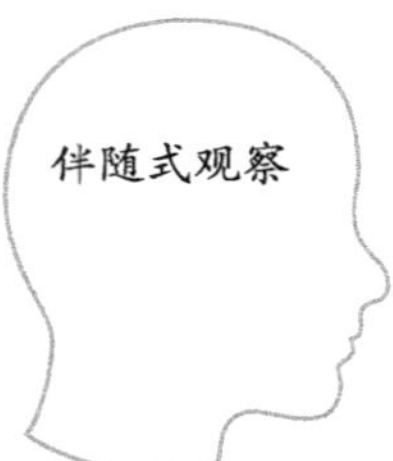

现场巡视的目标在于，借助在诸如处理日常事务和 / 或工作过程中的伴随式观察，获得对于个人或一组人的举止、行为及行为影响的认识。这种认识仅可能基于研究者的积极、直接参与而实现。

做法

- 步骤1：首先选出待观察的使用情境（根据不同的目标）、人（最多10人）和持续时间（从1小时至1天）。为了在观察阶段准确理解使用过程中的问题，推荐以下3个问题：
  - 应该发生什么？（目标状态是怎样的？）
  - 实际发生了什么？（当前状态如何？能否清楚识别与设定状态的偏差？）
  - 请解释！［针对观察到的问题，尝试根据5W法（问五次“为什么”），与责任人确认原因。］
- 步骤2：与“观察”（工具3）一样，较长时间（如一整天）地陪伴和观察直接客户或用户的日常工作和活动而不打扰被观察者的行为。
- 步骤3：用户在此期间大声说出所有的感受和想法，以便观察者进行记录或录音。待观察的有用户、产品的使用情境、一般的工作流程，以及不同参与者在使用过程中的合作和沟通。
- 步骤4：被观察者不应受到打扰，可事后向其询问不清楚的地方，或者在其周围安排一名“评论员”，事先/事后解释问题，以及帮助理解关联。
- 步骤5：现场观察过后，最终将借助文档记录和录音资料进行分析，新的价值主张或其商业模式转变可在多大程度上满足已识别的需求。

优点

- 凭借更高的现场真实性，能更好地理解客户问题。

- 准备项目方案，可能包括合适的商业模式的初步草图。
- 识别实际的使用情境。

缺点

- 非常耗时。
- 要求用户愿意长时间接受观察并积极合作。

纵横填字游戏可作为现场巡视的补充

你知道世界上的第一个纵横填字游戏来源于英国记者亚瑟·韦恩(Arthur Wynne)的笔下，并且于1913年12月21日刊登在《纽约世界报》的圣诞增刊上吗？它包含31个关键词，没有黑格，呈井字形。

使用所有参与者都熟悉的纵横填字游戏，可快速营造一种舒适的氛围。玩过数独的人在玩的过程中会被不断激发斗志，而填字游戏也能快速唤起斗志。通过集中精力，灰色细胞活跃起来，往常的日常事务很快退居幕后。

纵横填字游戏特别适合创建与主题相关的想法集合，以便引入计划主题，以及发现对特定主题的期望。

- 步骤1：在一张很大的工作表上画类似纵横填字游戏的小方格。
- 步骤2：在水平或垂直方向的中心写下问题或一个重要方面。
- 步骤3：现在，所有参与者寻找与主题相关联的概念，然后像玩填字游戏一样，将这些概念填入各个方格中——每格填一个单词字母，但单词之间并不需要像填字游戏那样适当交叉。
- 步骤4：补充概念的其他方面。结果可能产生一张大工作表，或者几页小一些的工作表。

工具变体：

- 所有参与者制作一张大的填字格。
- 各参与者制作自己的填字格。
- 让小组之间相互竞争：谁在特定的时间之内填入最多的概念，谁获胜。
- 仅使用单个单词或关键词组合。

51. 创意众包

	收集集体知识
	让一组或一群自愿的用户解决具体任务——从寻找想法到开发产品
	设计思维团队、用户 / 客户
	用户通道
	可能持续数周

众包的英文单词“Crowdsourcing”由“Crowd”（一群、众多）和“Outsourcing”（外包）这两个词语组成。这一概念指的是将任务转移给一组散乱的、通常未准确定义的、受外在（如优惠、货币激励、独家信息）或内在（如职业优势、知识分享、声誉、乐趣、学习新知识）因素驱动的用户。一群用户在无特殊前提或长期责任的情况下，采用先进的信息和通信系统，在网络2.0的基础上，共同协作或以竞争为导向，自愿参与具体任务的解决。一群用户的投入和协作可能性多种多样，如从寻找创意到开发产品等。

利用集体知识

目前也存在其他形式的众包，如众测或众筹。众测主要是指在应用程序和网络应用进入市场之前，由选出的用户通过互联网对其进行测试。而在众筹中，投资人应为项目和项目创意赢得用户。

做法

- 步骤1：请思考一个框架并解释待处理的主题和任务，使其清晰明了、鼓舞人心且有清晰的目标。
- 步骤2：为群体提供所有重要和必要的背景信息，以避免误解。
- 步骤3：在准确定义目标和任务之后，你也要考虑用户，为了积极地参与项目，他们需要特别的知识或其他前提条件吗?
- 步骤4：请用户分享他们的想法，并收集这些想法。
- 步骤5：在团队内讨论收集到的想法，并将其用于进一步的加工或分析。

优点

- 直接获取客户和用户需求。
- 不同群体之间可广泛传播和相互组合。

缺点

- 难以找到合适的目标群体。
- 付出精力多。

52. 想法简介

分析

结构化、系统化地描述、比较和评价想法

设计思维团队

想法简介的模板（见下文）

30 分钟到 1 小时

此工具用于统一地描述新获得的、往往差别很大的想法。为了能在利益相关者研讨会上比较和评价大量有关商业模式的想法，系统化的统一描述十分重要。

将想法的收集系统化

此工具用于：

- 结构化、系统化地描述每个有关商业模式的想法。
- 保证更大数量的有关商业模式的想法的可对比性。
- 评价众多想法的准备工作。

做法

- 步骤1：在寻找创意阶段之后，给核心小组布置任务——描述想法及其特性、特征。想法可供评价，也可再次用于其他项目。
- 步骤2：借助下列元素，制作一个想法简介：
  - 应用领域。
  - 潜在客户利益的类型和范围。

- 现有或待制定企业解决方案收益的类型和范围。
- 必要的创作伙伴。
- 区别于竞争对手的可能性。
- 想法的相互依赖性。
- 实现一个想法的大概时间。
- 大概的费用估算。

优点

- 在细节方面较为灵活。
- 适合诸多情境。
- 可迭代发展。

缺点

- 不准确。
- 想法简介常常并被遗忘。

想法简介：	
问题：	
描述：	可能的草图：
客户要求： M：必须 S：应该	评论：

解决方案：	
描述	草图
优点（客户利益）：	
缺点：	评论：
拒绝原因（标准）：	组织方面：
	阶段： 状态： 处理中 被搁置 被拒绝 制表人： 日期：

53. 杀死愚蠢的规则

分析

改变及废除僵化的结构和流程

设计思维团队

活动挂图板

10 分钟至 1 小时

废除僵化的结构

每个企业都有内部规则，但无人进一步追问——对外人而言也并非一目了然。这些规则形成了僵化的结构和过程。借助“杀死愚蠢的规则”工具，可由此开始重新思考和分解结构。

做法

- 步骤1：每个人在团队里寻找一名搭档，花十分钟与他讨论下列问题：
  - “哪些规则阻碍你工作或更好地服务客户？如果你能够废除或改变所有这些愚蠢的规则，你会怎么做？”
- 步骤2：请你设定一个期限。通常情况下，10分钟根本不够讨论所有的想法。如需要更多时间，你可尽管延长时间。你将看到投入的时间会产生长远、持久的影响。
- 步骤3：每个二人小组在讨论完所有相关规则之后，将想法以关键词的形式写在便利贴上（每张便利贴上写一个想法）。
- 步骤4：在此期间，主持人在活动挂图板上画一个矩阵（*X*轴：实施难度，从易到难；*Y*轴：影响，从小到大）。
- 步骤5：然后，每个二人小组将便利贴贴到相应的象限中。

这种可视化的形式有助于激发讨论和评估想法。你最终会看到，挂图板上的大部分规则其实根本不是规则，而是由企业文化决定的内部流程。

优点

- 可快速清除不必要的障碍。
- 容易识别必要的改变。
- 使实施某事的可能性变大。

- 可快速、灵活地使用。

缺点

- 容易跑题，因此需要好的主持人。
- 一定程度上要求参与者拥有好心态。

54. 集体素描

	产生想法
	快速产生和拓展想法
	设计思维团队
	一张大纸、多支笔
	20~30 分钟

参与者同时进行描绘，可快速产生和拓展想法。此方法原名“514G”，被建议作为6-3-5法（工具43）的延伸。“5”代表参与的设计师人数，“1”代表同时研究的想法，“4”代表工作步骤数，“G”代表图解法。

做法

- 步骤1：参与者在一张纸上同时描绘想法。在此过程中，每个参与者都可用自己的草图补充或改正他人的想法。
- 步骤2：参与者共同讨论不同的想法并继续拓展这些想法。
- 步骤3：参与者汇总最有意义且最有用的解决方案，以便能在之后的项目运行中加以运用。

优点

- 非常简单。
- 付出精力少。
- 促进团队建设。
- 有助于优化现有草图，促进清晰沟通。
- 每个人都可参与。

缺点

- 许多人害怕绘画。
- 需要大量空间。

55. 集体笔记法

	产生想法
	产生想法，分析复杂问题，寻找解决途径
	设计思维团队
	笔记簿
	2~4 周

集体笔记法是一种书面形式的头脑风暴，特别适合分析复杂问题及寻找解决方案。此工具既可用于个人工作，也可用于多人协作，为不能在同一时间、同一地点工作的参与者发现想法提供支持。通过结构化的任务，此工具也可收集即兴想法——思想的火花，并产生各种不同的创意。

你仅需要一个笔记簿和一支笔，将其放在所有参与者都能取用的地方。或者，你也可设置一个所有参与者都可访问的共享虚拟笔记簿。

为想法创造空间

做法

此工具的应用可大致分为三个阶段：引入、实施、评估。应用集体笔记法可通过两种方案。第一种方案是仅将想法收集和登记到一个笔记簿中；参与者对笔记簿进行传阅和补充。第二种方案是每位参与者各得到一个专属笔记簿，将自己的想法记入其中。但在这种方案中，为支持参与者之间构建联想链，笔记簿也可能在特定的时间内被传阅（如每4天循环一次）。

- 步骤1：引入，在引入阶段，参与者获得一个笔记簿和一支笔。两样物品都应能放入裤子口袋。笔记簿的第一页上应再次列出目标、问题及协调员的联系方式。
- 步骤2：实施，在给定的时间内，参与者有规律地（每天或自发）记录自己的想法和意见。若参与者人数不多，则可在执行过程中相互交换笔记簿，或像第一种方案那样进行传递。此处不允许评价他人的想法，但可对想法进行补充。

在本阶段末尾，每位参与者再次在自己的笔记簿中总结最好的想法、建设性建议或新的想法，以简化评估。接着，参与者将笔记簿还给协调员。

- 步骤3：评估，通过多次会议，对笔记进行分析评估。
  - 调整总结。
  - 浏览笔记。
  - 制定解决问题的基本方案。
  - 在联合小组会议上制定草案。

鉴于解决问题的工作强度较大，鼓励参与者收集大量不同的想法和解决方案。实施阶段无空间上的限制条件，对于参与者的类型和数量也无限制。实施的时长是可变的，但通常持续约2~4周，具体视规定的时间而定。

优点

- 时间和空间上相对独立。
- 允许不同的参与者群体参与。
- 不限制想法数量。
- 从一开始就以书面形式记录想法。
- 所有参与者拥有平等的产生想法的机会。
- 流程简单。
- 适合复杂的任务或问题。

缺点

- 时间太长可能降低个人积极性。
- 参与者可能因疾病等意外退出。
- 参与者和笔记簿的数量越多，评估过程所付出的成本就越高。

56. 倒立和翻转技术

	发现想法
	发现相对立的解决方案，以提升创造力
	设计思维团队
	活动挂图板
	20~45 分钟

为防止食物结冰，爱斯基摩人会怎么做？他们会把食物放在冰箱里，以常温4摄氏度为其“保温”。一个不仅适用于爱斯基摩人的提示：如果没有其他方法奏效，你不妨干脆尝试反其道而行之。

倒立和翻转技术建立在“你的任务目标有哪些直接矛盾”这一问题的基础之上。通常情况下，我们在寻找解决方案时似乎会迅速将此方面搁置一旁。而对于某一主题而言，其对立面或许非常能说明问题。因为对立面不仅从另一个角度出发，而且其在内容上与解决方案非常相似。

发现和利用对立面

倒立和翻转技术尤其适用于摒弃陈旧的思维方式，也非常适合小组会议，可在僵持不下的情境中营造轻松气氛。

做法

请在发现想法的过程中调转矛头，有针对性地寻找问题对立面。

- 将问题逆转。

举例

原本的问题是"旅游景点的最佳宣传方式是什么"，逆转后的问题是"什么样的旅游景点宣传方式，要么不被察觉，要么使人不愿前往"。

- 在此基础上进行头脑风暴。
- 将获得的想法再次转向其对立面，由此激发自己产生新的、独立的替代解决方案。

倒置任务或逆转问题有多种可能性。请你自问：

- 对立面是什么？
- 结果绝对不能是怎样的？
- 当我朝另一个方向看去时，我会看到什么？
- 当我将事物旋转180度时，会发生什么？
- 如果以结尾开始，情况会是怎样的？
- 一个反面特征能够继续对我们有所帮助吗？
- 原因和结果可以对调吗？
- 我应该反其道而行吗？

在工业生产中，倒立式思考可能大有裨益：如果人们想把糖浆灌入巧克力果仁糖里，原本必须将大量的糖加热，以便其更好、更快地流动。然而，这样一来，巧克力外壳也会融化。那怎么办呢？相反的做法：将倒入模子里的糖浆冷冻，然后把糖浆凝固体浸入温热的液态巧克力中。

翻转或倒立技术的优点在于：我们通常会非常准确地知道，什么事情为什么行不通。我们关注错误、绊脚石和问题往往比解决方案要清晰得多。你不妨亲自尝试一下，问自己以下问题：为什么你在会议中能得到理想的结果？——那么，你已经想到什么了吗？

在转述倒立法的问题时，你应注意以下几点：

- 避免负概念，如“不”和“没有”。
- 使用动词。
- 清楚、明确地表达。
- 思考你能够转变的极端或不寻常的场景。

优点

- 当一个问题得以很好地转化为其对立面时，倒立法将始终奏效——尤其对于没有经验的团队而言。
- 借助倒立法，你将很快获得针对现有挑战的新想法和数据。因此，你的团队将始终保持良好的气氛。
- 想法将与以前有所不同，尤其是会议效率将因想法数量的增加而显著提升。

缺点

- 可能很快跑题（丧失重点，漫无目的）。

57. 莲花法

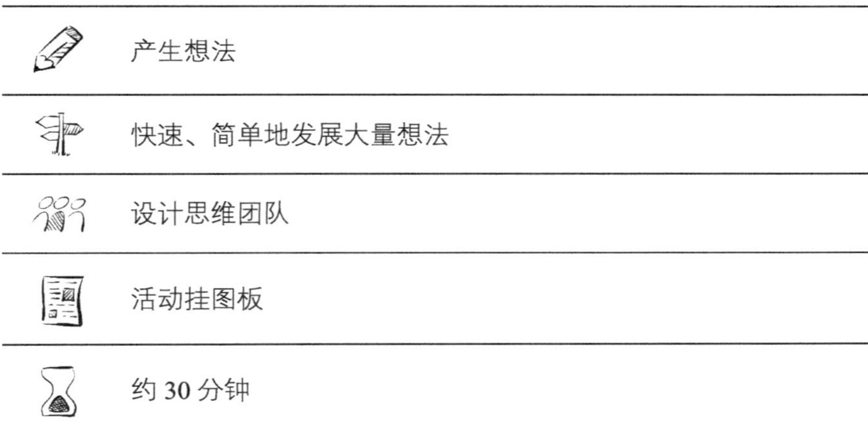

	产生想法
	快速、简单地发展大量想法
	设计思维团队
	活动挂图板
	约 30 分钟

莲花法从某一中心主题出发，为想法的产生构建框架。中心主题将衍生出8个主题，这8个主题分别作为中心主题被继续使用，以便发展出8个其他的主题。

做法

- 步骤1：请在纸的中央画一个正方形，并在其中写下中心主题。
- 步骤2：想出8个相关主题，分别写在一个小格子里。
- 步骤3：围绕这8个主题中的每一个，分别制定8个新的主题，并写在新的正方形里。
- 步骤4：在有意义的前提下继续思考，尽可能地扩大此“莲花”。

优点

- 使用简单、快速。
- 会产生许多不同的想法。

缺点

- 乍看之下令人困惑。
- 关键词之间必须正确关联。

58. 形态结构图

	制定解决方案
	在现有解决方案的基础上产生新的解决方案
	1~X人

活动挂图板或纸

30 分钟至 2 小时

此工具的发明者——弗里茨·兹威基（Fritz Zwicky），当初希望通过形态结构图实现对给定问题的 “完全解决”。问题或挑战首先被拆解为多个部分，以便接下来进行各种各样的组合和重新组装。由此将产生针对产品或服务的单个功能的不同解决方案，并以图像形式呈现。

形态结构图可展现一个问题的所有可想到的解决方案。将呈现潜在解决方案的不同组成元素（参数）放在表格中作为一列。除各个参数，你可以列出所有的实施可能性（表现形式）。当你从每一个参数行中分别选出任意一种表现形式，并将它们相互联系起来（如通过连线）时，就产生了单个的备选解决方案。

举例

“完全解决方案”的尝试

我的一个客户，曾多次收到关于其产品——个性化印制T恤的质量投诉：所印单词的单个字母在洗涤时掉落，或者字样严重褪色。我在此过程中提出了下列问题：“怎样的T恤衫生产方式，既能使客户的生产成本不会太高，又不影响产品的质量？”在接下来的步骤中，我先收集参数，以便呈现整个产品开发过程。收集到的参数如：

- T恤衫的材质。
- 不同的颜色。
- 不同的字体。

- 印制方式。

然后，我制作了一张包含各种参数及其所有可能的表现形式的形态结构图。

参数	表现形式 1	表现形式 2	表现形式 3
T 恤衫材质	棉	聚酯纤维	棉—聚酯纤维—平针织物
不同的颜色	白色	黑色	黄色
不同的字体	Arial	Chalkduster	Comic Sans
印制方式	柔性版印刷	数字印刷	丝网印刷

做法

- 步骤1：确定并写下提问的决定性参数。参数之间必须相互独立，并且可根据任务得以实施。
- 步骤2：在特定参数的右边对应写下所有可能的表现形式，从而生成一个矩阵，所有特征表现形式的任一组合都是理论上可行的解决方案。
- 步骤3：你从每行选出一个特征表现形式，由此产生一个表现形式的组合。该组合可通过两种方式实现：
  - 系统化的——特征和表现形式的数量受限。
  - 直观的——从每行选出一个表现形式，由此产生的折线被整体视为备选解决方案。
- 步骤4：多次进行此选择过程。随着表现形式组合的产生，你可立即发展出想法。

优点

- 可独自或与团队一同进行。

- 可处理非常复杂的问题。
- 以浓缩形式记录诸多信息。
- 针对不同的问题灵活调整。
- 清晰、完整地呈现问题领域。

缺点

- 要求对于相关问题领域的专业知识。
- 确定正确的参数对成功至关重要，但非常困难。
- 尤其是对于复杂的问题，很难从几乎不计其数的可能方案中选出最佳方案。

59. 预测新年头条

	分析
	确定相关的产品特点
	设计思维团队、委托方
	便利贴或活动挂图板
	不超过 2 小时

借助此工具，你能在项目早期发现委托方及其公司的未来规划，以及哪些产品特点可能与之相关。

做法

- 步骤1：引导委托方将自己及公司置身于未来。
- 步骤2：询问并要求他说出对于现有及未来市场的经济目标。

- 步骤3：弄清这些目标可能对设计产生的影响，以及设计可如何支持这些目标。
- 步骤4：定义这些设计挑战，并以短小精悍的标题形式进行表述。

例如，当为计算机学家构建内网时，你可事先要求客户阐释当前及未来的目标。这样，你将快速了解客户的当前计划和未来规划。

优点

- 支持在设定目标的基础上做决策。
- 有助于发现发展机会，建立长期客户关系。
- 有助于确定应重点开发和发展哪些产品细节或特色。

缺点

- 在某种程度上需要客户对于待解决问题的理解。

60. 随机输入

	联想
	产生许多不同的想法
	设计思维团队
	活动挂图板、主持卡片
	约 30 分钟

你通过将第一眼看起来毫无关联的词语相互结合，产生新的想

法或问题解决方案。随机输入工具基于以下认知：大脑也拥有与看似无关联的概念建立联系的能力。

做法

- 步骤1：为了系统地寻找新的想法，请你以书面形式准确定义新的想法应朝哪个方向发展。
- 步骤2：请将问题与一个与任务毫不相关的独立概念进行对比。
- 步骤3：请写下此概念的4~6个特征。
- 步骤4：现在，建立与初始主题的联系并撰写特征。你可对新的独立概念重复此过程。

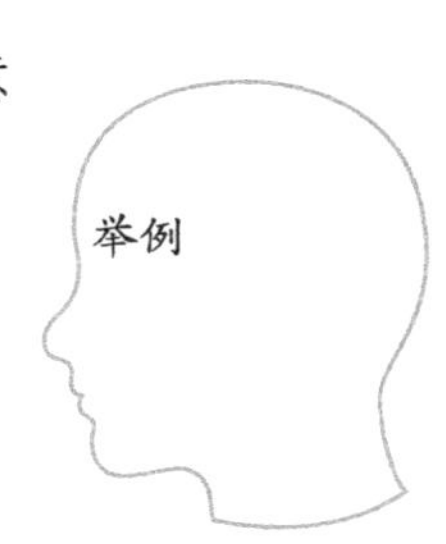

一位客户想设计一个与众不同的网站。为此，他从词典中随意选出一个概念，如直升机。头脑风暴：旋翼，旋转的机翼；升力，垂直起动器；滑翔，空中救援；运输，军事。组合：旋转式设计，迷彩背景，浮动演示照片等。

优点

- 非常简单。
- 当发现想法过程停滞不前时，为思想注入新的动力。
- 更多的新想法，使视角变换更加频繁。
- 付出的精力较少。
- 用途广。

缺点

- 因不合格的应用和模糊的定义而具有不明确性。
- 个体差异大。

61. TRIZ

开发解决方案

为当前问题寻找和调整解决方案

设计思维团队

打印的表格

不超过 4 小时

TRIZ是“发明家式的解决任务理论”概念的俄语首字母缩写。俄罗斯发明家兼作家根里奇·阿奇舒勒（Genrich Altshuller）和他的同事在1946—1985年发明了这一工具。TRIZ基于以下假设：通过筛选并分析大量专利说明书，发现普遍适用的创新经验，甚至发明原理。为开发这一工具，300多万个专利被筛选并分析。

阿奇舒勒和他的同事认为，相对少数的一般解决办法原则是以大量的发明为基础的；唯有消除矛盾，方能得到创新的解决方案；此外，技术系统的改进也要遵循特定的模式和规律。总的来说，理论建立在此假说的基础之上：在某时某地，某人已解决过相同或类似的问题。发挥创造性意味着找出这一解决方案，并根据现有问题对其进行调整。

消除矛盾

TRIZ能够快速且具有针对性地寻找解决方案，有助于通过参数和基本原则，有的放矢地对技术矛盾进行分类。与传统的FMEA（Failure Mode and Effect Analysis，失效模式与效应分析）一样，TRIZ能够寻找可能的错误、原因及后果。

如果你想使用此工具，请首先识别、描述和概括产品开发问题，以至于你能够从现存的（问题）解决方案目录中找出解决办法。阿奇舒勒在他的方法中描述了技术产品的37种标准问题，以及解决这些问题的40个发明原理。为了能够目的明确地使用TRIZ，你需要拥有处理复杂程序的经验和实践。

做法

- 步骤1：识别项目目前存在的问题。
- 步骤2：将此问题与已有的或在TRIZ中被命名的问题进行比较。
- 步骤3：确定一般问题的TRIZ解决方案。
- 步骤4：使用建议的解决方案，以解决问题。
- 步骤5：消除矛盾。更多相关内容请见下文。

TRIZ认为，每个问题都有一个根本矛盾，而它又是问题的基础。消除此矛盾有助于解决问题。根据矛盾的自然属性，TRIZ涉及的矛盾分为技术矛盾和物理矛盾两类。

1. 技术矛盾

系统中的技术矛盾阻碍特定的目标的实现或期望的解决方案的实施。例如：

- 创意设计是好的，但耗费太多的项目时间。
- 可获利的项目是有的，但企业缺少支持这种项目的资金。
- 手机网络的覆盖面很广，但信号的传输有损用户健康。

2. 物理矛盾

当项目或系统的同一部分有两个相对立的需求时，
物理矛盾就出现了。例如：

- 一个宣传活动应同时引起男士和女士的兴趣。
- 界面设计应同时具备易于浏览和功能齐全的特点。
- 创意团队需要时间思考，但头脑风暴的时间是有限的。

TRIZ工具旨在消除上述矛盾，解决问题。最常用的有40个发明原理。这些发明原理用于消除矛盾，以及在TRIZ流的第二步和第三步中找到一般解决方案。当人们把这40个发明原理与30种参数相结合时，就产生了满足下列两个功能的矛盾矩阵：

1. 集中精力于问题的核心冲突。

2. 找到针对目标的潜在解决方案。

现在，请你思考以下问题：

- 改进功能——哪些系统参数应改进？哪些将根据任务条件发生改变（增加、减少、恶化）？
- 恶化功能——哪些系统参数的改变不会使期望的改进发生？如果改变常规程序，哪些变化（增加、减少、恶化）是不可靠的?
- 在寻找与改进功能和恶化功能相关的解决方案的过程中，哪些原则被列入表格中?
- 为解决问题，应考虑哪些推荐的原则?

40个发明原理包括：

- 分割
- 抽取
- 局部质量
- 增加不对称性
- 合并
- 多用性
- 嵌套
- 重量补偿
- 预先反作用
- 预先作用
- 事先防范
- 等势
- 反向作用
- 曲率增加
- 动态特性
- 未达到或过度的作用
- 一维变多维
- 机械振动
- 周期性动作
- 有效作用的连续性
- 减少有害作用的时间
- 变害为利
- 反馈
- 借助中介物
- 自服务
- 复制

- 廉价替代品
- 机械系统替代
- 气压和液压结构
- 柔性壳体和薄膜
- 多孔材料
- 颜色改变
- 同质性
- 抛弃或再生
- 物理和化学参数改变
- 相变
- 热膨胀
- 强氧化剂
- 惰性环境
- 复合材料

优点

- 用户可以具体的目录和可能的问题解决方案为导向，系统地试用多种可能的方法，直到找到合适的解决方案为止。

缺点

- 仅适用于技术产品。
- 分析程序复杂。
- 要具备经验。

阶段4　原型设计

概要

“没有任何计划能在与现实的第一次接触中幸存。”

——赫尔穆特·卡尔·伯恩哈德·冯·默特克

作为设计思维者，在开始实施项目之前，测试自己的想法是必不可少的。因为只有这样，你才能确定这一解决方案是真正实现目标的最有效途径。原型设计可简单、快速地测试出什么是有效的，什么是适合目标的——无论是一项产品、一种服务，还是一个过程。

原型被定义为从其他形式发展而来的初始或暂行版本。你将因此而了解到你的设计的功能性及所有的必要改变，以使你的设计为用户带来良好经历和体验。原型帮助你呈现所有错误，并告诉你你的想法是否以及如何起作用。

测试设计的功能性

如同技术世界里大多数理念一样，原型设计可分为诸多不同的组。关键在于，在正确的时间为正确的工作种类使用正确的原型。因此，原型测试与原型设计同样重要。

只有当你实际操作之后，原型设计的用处才得以彰显。如果你只计划花较少的时间考虑和测试用户对你的产品或想法的接受度，以及产品或想法必须包含哪些信息和功能，那么原型设计绝对能帮你节省大量时间——不仅在开发解决方案阶段，还包括在实施阶段。

当你自己成为目标群体的一员时

亲戚、朋友或我们自己成为目标群体 / 用户中的一员，这种情况并不在少数。尽管如此，我们建议你克制自己将熟悉的需求置于中心地位，你要走出去询问陌生人，获得他们对于你的想法的反馈。

一般而言，面对关于客户需求、工作流、动机、习惯等问题时，你最好询问真正的用户或潜在的用户。基本的可用性问题（该计划通俗易懂吗？我们有没有忽略某个关键步骤）对于目标群体没有过多的限制。因此，你可在紧急情况下获取朋友和家庭成员的反馈，只要他们与你的目标群体具有相似的属性——这里的紧急情况包括：你需要快速反馈，但周围找不到其他人，或者手机没有信号，或者你腰椎间盘突出，几乎不能移动，等等。这样做的前提是，你必须具备相关的专业知识或特殊经验。在这种情况下，受试者也必须具备这种专业知识。否则，你将面临误导性陈述的风险。

外部反馈

即使你的朋友和亲戚具备专业知识并且确实属于目标群体，从外部获得反馈也是必要的。为什么？因为陌生人通常比你认识更久、更了解的人更为诚实（也更直接），后者可能只是想帮你一个忙，或者通过善意的建议帮你摆脱困境。陌生人的心理障碍更低，因为不存在私人关系。

此外，请避免对同一个人重复进行测试或观察，因为你通常主要是从大量有代表性的用户中获得一个样本。而且，也只有当你询问了很多不同的人之后，你才会得到此样本。重复会导致盲目操作，将所有的努力白费。人们将熟悉这一过程，因而（不自觉地）只对创新内容做出回应。这样一来，你就辜负了自己的良好意图和努力。

我承认，在特定的区域内找到足够的受试者和用户，有时是一项很大的挑战。但是也有一个简单的解决方案：你看一看，哪些新的方法和工具能够帮助你获得来自远距离对象的反馈。常规主题恰恰能够让你很容易找到大量的参与者，他们愿意通过各种应用程序参与现场访谈和提问。你可让参与者打开屏幕分享功能或网络摄像头，直接在电脑前进行测试。

寻找真正的目标客户和用户或许意味着比直接与朋友和家人讨论想法稍多一点的工作量，但这是值得的！最终你将获得更好的结果。因此，你最好花一些额外的时间，从一开始就把事情做正确。

原型设计的成功因素

我通过自己的项目和研讨会学到，真正的成功首先意味着思想的转变，原型设计亦然。在此，我为你总结了最重要的成功因素。

用双手思考

一旦开始着手研究具体的、有形的原型，你就打开了创造性的另一个来源：你开始用双手思考。当你将精力从头部直接转向双手时，想法将显著改善。如果这一切还是在一个团队内进行的，那么它将帮助参与者实现高效率工作。原型的构建可以消除误解、说明不同的假设，并提供解决方案。通过用双手思考，你内心潜在的孩童天性将被重新激活，再也不能被内部批判者或取笑你的人所阻碍。

向本质看齐

一个重要的学习经验是，要避免分析瘫痪。请停止不断复述每个要点的所有细节，尽管去做！构建你自己的原型！我的关键认识之一：无论构建任何东西，相比于那些在开始之前分析和详细计划所有方面的团队，立即开始实施自己的想法的团队最终能获得更好、更成功的结果。在我的项目中，我总会遇到一些参与者，他们首先构建一个伟大的愿景——因为他们觉得，这对于准备阶段十分重要——然后设法去论证它。他们直接通过自己的双手去实现脑海中的愿景。这样才能形成新的、创造性的力量，并为团队关于可能的解决方案的其他想法创造空间。

庆祝失败

我们常常试图避免任何形式的失败。但是，失败恰恰是原型设计过程的重要组成部分之一，应当进行积极跟踪。若原型成功运行且所有人都对此感到满意，你无法从中学到新的东西——原型设计过程仅仅围绕学习打转而已。我们需要反馈，以便能够从中了解到什么地方出了错，这样才能加以完善。因此，请不要害怕失败，极力避免失败，但注意要能够从中学习并加以改进。请你特别留意，要尽早开始学习——在你尚未花费很多时间和金钱的时候。

因此，在开展顾问工作时，我有针对性地采用一些受即兴戏剧启发而产生的游戏。这些游戏首先分配给人们一个简单的任务，其难度在进行的过程中不断加大，直到根本无法完成为止。当这一目的达到时，我会请求参与者将双手向上高举，眼睛往上看，并尽可能大声地呼喊："太棒了！"这样一来，失败便被公开，其他人也能从中学习及获取信息，并且可以重新尝试这些表面上的"失败"。参与者常常对我说，他们在此之后感觉得到了释放，并且非常热衷于进一步改进、重新尝试，甚至再次失败。他们能够笑看自己的失败——有时这甚至能够带来很多乐趣，以至于他们故意失败。

企业必须创造一种允许失败的文化，以便能够更快地实施改进。

快速而廉价

快速原型设计是指像流水线一样接连不断地开发原型的做法。这意味着你首先必须放弃凡事都要完美的想法。我们唯有提高速度，才可能取得成功。要打开一扇新门，就必须关闭另一扇门。因此，有时你也必须扼杀自己最喜欢的想法，以便产生新的想法。"原型"概括地说就是产品面市之前的一个框架设计，它仅存在于进入市场前的片刻。然而，原型必须在产品开发过程的较早时期出现——只有这样，它才能推动你思考并带来新想法。也就是说，你需要制作很多原型，将它们交到不同用户的手中，让他们测试。经历了一系列的原型测试之后，真正的终极原型才会诞生。

迭代

原型设计的威力主要在于不断重复。你应不断重复此过程，直到澄清所有的重要事宜，能够开始实施为止。成功的企业已经接纳了这种思维方式：想法需要多次迭代，才能促进员工思考、试验和学习。你必须意识到，你添加或调整的所有东西都是短暂的——直到下一次的迭代。持续改善（Kaizen）的方法论就是利用了多次迭代的力量。

原型设计的最佳工具

如今有大量高效、经济的原型设计工具。我从项目中总结了关于原型设计工具的最佳经验——借此，你同样可为你的团队创建简单、持久的通道。

乐高®

乐高®是最受欢迎且最常用的原型设计工具。尤其在原型设计的早期阶段，人们常常拿乐高®实现快速地构建。

铅笔和纸

铅笔和纸是人类发明的最古老但也最有用的工具。尤其是当你想在故事板上快速创作时，它们是最合适的选择。

角色扮演

当研究对象恰好是过程或服务的开发时，角色扮演有助于发现可能的思维陷阱。“试着穿上用户的鞋子，然后观察发生了什么！”。请打消顾虑！在刚开始从事顾问工作时，我自己也曾怀疑，合作的企业如何看待我的想法。但是，当看到身边对工作充满极大热情的首席信息官时，你一定会大吃一惊，因为他们从不会把宝贵的时间浪费在没有意义的事情上。释放你内心的孩童天性吧，发挥创造力，享受游戏之乐！

3D打印机

如今，3D打印机已经较为便宜，是成功企业的标配之一。因此，你无须聘请收费昂贵的专家，就能够快速地将想法展现出来。

虚拟现实

3D建模或网络游戏可快速地帮你在电脑上模拟一个想法。这种工具大都比较便宜。更先进的计算机模拟程序则非常高效，足以获得大量的学习体验。我自己就经常借助“模拟城市”游戏，将关于城市、交通和社区的想法可视化。

在线反馈

在线调查制作简单，可快速出结果。“调查猴”是快速开展简单问卷调查的免费资源。尤其是当你想测试不同版本的原型或调查关于某一特征的想法时，反馈数量将发挥最大效用。但是，请你试着将结果视为认知，而不是只验证统计数据的准确性。

原型设计是一项非常重要的任务，在寻找创新突破时不可忽视。它的游戏精神与功能性为我们提供失败的机会，激发我们的创造力，为进一步的迭代提供重要燃料。事实上，即使高级别领导，也非常享受设计思维过程的这一阶段。因此，请你用双手思考，全身心地投入原型设计的冒险中吧！

以上这些工具将为你提供一系列简单而非常有效的手段，助你构建原型。

Aduno集团案例分析：可穿戴的钱包

Aduno集团创新管理部门的任务是，借助设计思维过程尝试新的想法。振奋人心的消息、有创见的头脑及尖端技术云集于此，Aduno集团尝试改变人们的支付方式。

使用借记卡和验证码的支付方式几乎已过时。越来越多的超市允许客户在柜台进行无接触式付费。仅需将银行卡靠近终端机，即可完成支付。然而，这还远远不是终点：企业已经在全力以赴地研制便携式支付卡（可穿戴支付设备）。自2016年年底以来，Aduno集团也已为自己的产品注册了商标“izi”。最精彩的是，可穿戴支付设备izi的功能就像一张支付卡片，但它可以穿戴在身上。

用戒指代替信用卡

上述设备的外观究竟是什么样的，目前还在进行测试。一种可能性是将手环、自己的钥匙扣或戒指作为信用卡使用，原因在于不是所有人都想用手机支付。此原因直接来自企业内部研究——主要是观察和探究典型的购物行为。

目前，Aduno集团正高度紧张地构建一种原型，将对130名精挑细选的客户和员工进行测试。测试的反馈结果将被用于完善izi。

创新经理伊莎贝拉·吉尔（Isabella Gyr）说道：“数字化遍及所有的业务领域，尤其在金融行业的重要性与日俱增。我们的客户想要个性化、操作简单的解决方案。借助设计思维方法，我们可满足这一需求，并获得对于我们的客户及其周围环境的360

度绝佳视角。这又实现了更好的服务，使客户能够快速、经济地受益于新的技术和解决方案。

热身

最后一个阶段——原型的构建和测试——需要想象力和良好的团队氛围。最终的结果是将共同开发的想法可视化，向潜在用户展示。这不仅需要团队凝聚力，也需要愉快、自信地对外呈现你的解决方案。请你和你的团队精力充沛地进行以下练习。

最后的武士

	情绪兴奋剂
	使人打起精神
	6~10 人
	无
	5~10 分钟
	• 促进活动 • 带来动力 • 锐化焦点
	• 迅捷很重要 • 胆小的人常常不敢直接跟着做，首先要活跃气氛

做法

- 步骤1：小组成员站成一圈，所有人都将双手像剑一样（五指并拢）伸出。
- 步骤2：主持人要求一名参与者向前一步并出剑，同时喊“嗨”。
- 步骤3：被击中的参与着响亮地回应“哈”，并向上举起伸出的双手。
- 步骤4：被击中的参与者两旁的人大喊“嚯”，并将剑刺向此人的侧腹，完成致命一击。被刺死者攻击下一个人。
- 步骤5：动作太慢或喊错口令的人将被淘汰。
- 步骤6：留到最后的三名武士是获胜者。

丘里和罗赛塔

	情绪兴奋剂
	唤醒疲惫的心灵
	4 人以上
	无
	5~10 分钟

- 成本低廉的快速练习
- 促进血液循环，使人打起精神
- 促进团队思考

- 小心碰撞

丘留莫夫–格拉西缅科彗星（从2014年年中开始，研究人员及媒体简称其为“丘里”）是空间探测器即罗赛塔陪伴的第一个彗星。罗赛塔是欧空局（European Spale Agency，ESA）的太空任务，现在是一个失效的空间探测器。继由它释放的“菲莱”登陆器之后，罗赛塔是第二个着陆彗星的探测器。从2014年8月至2016年9月，它一直在丘留莫夫–格拉西缅科彗星周围漫步，释放了“菲莱”登陆器，并于2016年9月按计划着陆彗星。

正如罗赛塔在真实生活中围绕丘里彗星漫步一样，在此游戏中，参与者相互围绕，以激活自己，重新唤醒疲惫的心灵。

做法

- 步骤1：参与者站成一圈。
- 步骤2：每个人在脑海中默默地找寻另一名参与者，作为自己的“彗星”。
- 步骤3：与此同时，每个参与者都是罗赛塔，即卫星。
- 步骤4：当主持人发出信号，像罗赛塔一样尽可能快速地绕自己的丘里彗星三整圈。

工具

62. 事后回顾

	分析
	为所有团队成员明确问题的错误之处和解决方案的成功所在，识别其他潜力因素，扩大重要的优势，消除明显的劣势
	1~*X* 人
	活动挂图板，主持卡片（不同颜色的，以便更轻松地识别模型）
	30~60 分钟

事后回顾（After Action Review，AAR）遵循“不要寻找错误，而要理解事物的本质，然后继续前行”这一信条。此外，事后回顾可改进团队的重要价值观，如开放、包容和信任。

AAR即有条理地回顾问题及其解决方案。回顾的目的在于，为所有团队成员明确问题的错误之处和解决方案的成功所在，识别其他潜力因素，扩大重要的优势，消除明显的劣势。

这种创造性工具应该是每个问题解决过程结尾的固定组成部分，以便分析问题的整个过程，从中吸取教训，调整和优化之后的问题及解决方案的实施。

分析整个问题解决过程

AAR的复杂程度可能有所不同——从简短的单人回顾到会后的两人一组回顾，再到大型项目接近尾声时的团队全日回顾。所有成员直接从回顾中获得认知。你可记录下这些认知，并与其他同事分享。

做法

- 步骤1：请表述重点：我们想要实现什么？提出目标和预期的结果。
- 步骤2：请提出核心问题——什么事情真的发生了？什么事情进展顺利？为什么？什么事情本可以发展得更好？
- 步骤3：请列举有关未来目标和项目的见解。
- 步骤4：在结束回顾之前，请确保所有人都已理解。
- 步骤5：请快速记录所有重要见解，并将其整合到你的原型中。

优点

- 促进小组的开放、包容，激发学习热情，因为不会拘泥于单一的问题分析或相互指责。
- 获得对未来过程或项目的认知。

缺点

- 耗费资源。
- 需要准备充分。
- 无指责、无成见的沟通是必要前提。

63. 魔鬼辩护士

 评估

 采取不同的视角，以便获得对问题的另一种见解

设计思维团队

无

15~30 分钟

“魔鬼辩护士（Advocatus diaboli）”是一种古老的拉丁语说法，原指罗马–天主教会中的那些必须在授福或封圣仪式中收集和陈述反对受封者的论点的人。与魔鬼辩护士相对立的角色是天使辩护士（Advocatus angeli），他们提出支持封圣的论点。

如今，魔鬼辩护士也指那些持反对意见，刻意寻找漏洞加以质疑的人。在辩论领域，魔鬼辩护士广义上是指那些用自己的论点支持对方立场而非自己立场的人。

通过魔鬼辩护士角色，参与者可针对一个想法或问题发展出不同的观点。参与者通过有争议的观点，改变自己的视角，并有意识地转变立场。

做法

- 步骤1：一名参与者或一个小组针对给定的主题或想法扮演魔鬼辩护士的角色。
- 步骤2：该参与者或小组尝试通过有争议的辩论说服其他参与者或小组。
- 步骤3：所有参与者一起讨论，哪些想法被接受，哪些想法被质疑。

优点

- 有意识的视角转换促进获得不同的观点。

- 有意识的、有争议的讨论。
- 锐化自己的立场。
- 防止集体思维。

缺点

- 找到真正好的“魔鬼”论点可能需要较长时间。
- 需要深谙雄辩技巧、善于辩论的“魔鬼”律师。

BLAHA公司案例分析：将客户愿望直接转化

奥地利办公家具制造商BLAHA是本土办公家具创新设计的代表。企业总部、生产部和销售都在同一个地方，从而确保了独一无二的准时交货承诺，即9个工作日内交货。这在竞争激烈的办公家具市场是一个很大的承诺。在过去几年里，办公家具市场饱受压力。单是2013—2014年度，对于办公家具的需求量就下降了15%。整个行业2014年在奥地利的销售额为2.21亿欧元——自2000年以来第二低的业绩[1]。

BLAHA创建于1933年，于第二次世界大战后的1947年重建，是一家分形企业。这意味着该企业是基于信息和沟通密集型网络创建的，而此网络又由独立行动的单元（团队）组成。这源于罗斯·艾什比（Ross Ashby）的控制论原理：“如果你拥有高

1 http:/ //www.marktmeinungmensch.at/news/markt-fuer-bueromoebel-weiter-im-sinkflug/ 于 2017 年 6 月 14 日 11:15 访问。

度动态、高度复杂的问题系统，则你需要一个至少同等程度的动态、复杂的解决方案系统。”

BLAHA采纳了此原理用以激发创造力。在BLAHA，员工如何发挥创造力？团队成员合作完成工作，享受高度自由并鼓励自我组织、自我优化及自主承担责任。这种合作之所以能成功，是因为背后有确保质量的明确规定和原则支撑。例如，BLAHA内部有一个“代替规定”：在所有团队中，每个人都必须能够代替其他任何一个人，即能够接替其他人的工作。

为使企业通过团队内大部分时间所采用的组织形式而正常运作，企业召开每日会议，即所谓的“SK-Ok点”（SK=特殊结构，新产品的同义词）。召开此会议时，销售与生产及研发人员相聚在企业的咖啡休息区，以讨论客户愿望、趋势以及新的产品构思。销售人员汇报客户的愿望、自己目前面临的挑战，以及正在从事的事情。然后，生产人员与研发部门由此出发，共同商讨出一个可能的产品构思，推动正在进行的产品开发过程，随即销售人员可以直接在客户面前进行测试。

在这样的会议中，不同的人物角色再次出现。有所谓的经纪人，他们自己不具备专业知识，但知道在哪里能找到这些专业知识；有创造者，他们不断开发出新的想法，开启新的项目；还有拥有者，他们带来必要的专业知识，并且知道如何将想法付诸行动。

这种共同讨论的结果最初是一个简单的想法，接着被不断细化，直至转化为原型。经过全面的测试和试验，最终产生能在市场上买到的产品。唯有借助鼓励创新并避免压力的开放文化，此过程方能实现。

BLAHA的老板弗里德里希·布拉哈（Friedrich Blaha）的基本认知是："人们无法管理创造力——但作为领导人员，可创造框架条件，以唤醒创造力。"

64. 创建原型

 获得反馈

 将想法、项目和主意可视化

 设计思维团队

 笔、纸、胶带、橡皮泥

 5~20 分钟

原型帮助我们将事物可视化，分享和讨论想法。每一种情况、每一个主意——几乎所有东西都可在原型中实现。

变体

- 创建一个故事板：故事板由一系列的图画组成，展示了用户如何通过使用待开发产品完成任务。
- 借助一系列图片、草图、卡通画或单纯的文本，将一段时间内的想法或问题解决方案的完整体验可视化。素描小人是不错的选择，但你也无须为此成为艺术家。请使用便利贴或单页纸创建故事板，以便能随时重新排列图片顺序。
- 现在创建一张图表，以描述工作流，以及展示用户在过程中的什么地方、以何种方式得到支持。

- 讲述关于你的想法的故事。描述此体验将是怎样的。写一篇关于此想法的文章。撰写一条职位描述。描述你的想法，你将怎样在网站上公布此想法。
- 以广告的形式描述你的想法。请适当夸大，突出某些特征。
- 创建实物模型：根据纸上的简图，创建模型。
- 创建3D模型：生动形象地展现你的想法。为此，请使用纸、厚纸板及其他材料。

优点

- 实现设计理念。

创建原型使团队能够在虚拟可视化之外实现自己的理念。因此，团队能够从整体上理解设计的外观。这有助于他们提出自己的想法，并在设计完成之前实施这些想法。此外，此工具也提供了向最终客户展示设计理念的可能性——最终客户将获得比仅在屏幕上看到的更为真实的理念印象。

- 立即纳入变化。

有物理模型在手，能够快速地将客户反馈整合到进一步开发的过程中。在设计完成之前，必须进行多次迭代。每次迭代过程都将进一步改进设计，从而建立信任——无论是设计者，还是最终用户。这也有助于确定市场的真实需求，以便能开发出具有竞争力、在目标群体中接受度高的产品。

- 节省成本和时间。

已创建原型的现场演示非常高效，与开发过程相比，明显更加简单易行，且成本大幅降低。每位项目参与者都能通过使用原型积极融入。

- 调整设计。

创建原型的最大优点在于，你可根据个性化要求量身定制产品。在产品上实施设计改进，不需要专门的工具或过程。模型上发生小变化，但整个过程保持不变。

- 错误最小化。

原型的创建为量产前识别错误提供可能。用于创建原型的材料与实际产品的原材料高度相似，因此在大多数情况下，物理测试更容易实现。错误和可用性问题的风险能够尽早被识别，进而避免之后在生产过程中可能出现的问题。

缺点

- 创建时间过长。
- 审核者容易仅留意表面现象而非实质内容。
- 开发者不喜欢改变，因为制作过程需花费数小时。

Lunar公司案例分析：如何陪伴客户在线采购

年轻人为生计而奔波。他们早上必须赶地铁，为了准时上班。接着，工作将占据一整天的时间。晚上他们则最想和朋友们一起舒适地度过。因此，他们已没有时间再考虑买菜和做饭的事情。尽管他们也越来越愿意自己做饭——主要是为了省钱，但很多人在一天结束后感觉太累，不想再思考晚餐可以做什么。从思考晚餐做什么到收拾碗筷，整个过程无比耗时。

“我们怎样才能简化客户的饮食规划？”

Lunar公司的食品科技项目组致力于克服这一挑战。他们手三考虑哪种服务能够迎合客户的下列想法——“我自己决定想吃什么”“我每周进行多次采购”“我的孩子不参与决定吃什么，只能吃薯条了……”“我没兴趣研究饮食规划”“我们白天商定晚上吃什么”，等等。

食品贸易也进入了数字化时代——诸如Lunar等公司寻找以用户为导向的技术革新，如用于生成采购清单或兑换优惠券的手机应用程序。通过现场采访和原型设计，团队得以快速做出决定，这些数字化的新发展定能简化人们的日常生活。实体店的数字化创新，如帮助寻找菜谱或根据菜品推荐葡萄酒，更加完善了客户的购物体验。

“提出正确的问题，然后使用原型！”

食品科技项目组在设计思维过程中开发了移动应用程序Vianda，使客户能够在厨房中自主烹饪和尽情发挥创造力而无须投入过多时间。例如，Vianda省去了费时费力寻找菜谱的环节，让客户的每一顿饭都成为激动人心的美食之旅。客户从厨房新手开始，通过使用应用程序，逐渐掌握关于配料使用的知识。

创建的原型向团队表明，完全或几乎没有厨房经验的人不愿尝试新的菜谱，因为害怕失败。Vianda应用程序为用户提供精挑细选的菜谱，并一步一步地指导整个烹饪过程——配有大量插图，非常清晰易懂，从而减轻他们对做菜的恐惧。用户选出一道自己想做的菜之后，可立即将全部配料存在一张采购清单上。

项目主管雅尼克·斯德里克（Jannik Streek）说道："我们发现，每当我们提出错误的问题或尝试的次数太少时，项目就会停滞不前，只有当我们真正从客户视角看待问题时，项目才能继续向前推进。我们在项目中也相互提问，例如，当孩子拒绝健康类饮食时，妈妈怎样才能重拾烹饪乐趣？一时间，原本沉寂的团队会突然迸发出各种想法。这最终也说服了我们的客户。"

65. 闪光灯

	反馈
	获取意见
	最多 25~30 人
	活动挂图板、便笺纸
	每位参与者最多 1 分钟

该工具的运用几乎无需准备或材料。在每一回合，每位参与者用1~2句话回答由主持人提出的问题——时长不超过1分钟。参与者可针对特定问题快速交流意见。此工具可捕捉参与者针对某一想法、挑战、问题或可能的冲突等的自发性表述，它仅关注针对提问发表的意见，而非头脑风暴等产生的想法。

如下列出的规则保证了此工具的潜力得以充分发挥：

- 每位参与者仅谈论自己的个人观点和期望。
- 发表的意见与问题相关，并以第一人称叙述。

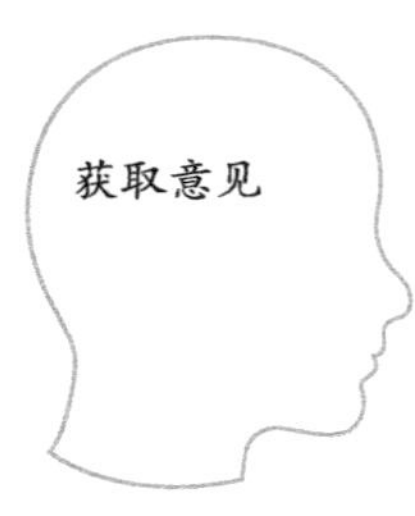

- 所有发言均不超过两句话。
- 每位参与者遵守给定的时间范围。
- 当一位参与者发言时，组内其他成员应安静地倾听！仅当出现理解问题时，才允许提问。
- 不评论、批评或评价他人发表的意见！
- 无论是轮流（按时间顺序）发言还是自由发言，在所有人分别表明立场之前，不展开讨论。
- 参加人数不应超过30人。

做法

- 步骤1：在准备阶段，请首先将椅子围成一圈，包括主持人的座位。
- 步骤2：如果参与者不依次发言，而是按照随机顺序，那么应准备一种物品作为“发言石”，如毛绒玩具、网球或类似的东西。只有拿到“发言石”的人才能发言，其他人只能倾听。发言结束之后，此参与者将“发言石”交给（或扔给）下一位参与者。提示：不熟悉闪光灯游戏的小组，可在活动挂图板上将规则和问题可视化。
- 步骤3：主持人表述问题时应尽可能具体，这样更容易获得简短、切题的回答。

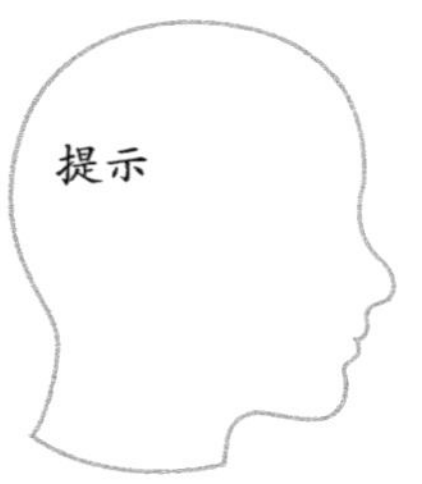

提示：使用闪光灯工具时不一定要进行分析评估，但可把某一问题的瞬间捕捉下来或将相关表述保留下来。然而，若你想要将该工具作为后续方法的基础，则小组应在闪光灯游戏后接着讨论出现的不同主题。

优点

- 所有参与者均发言。
- 闪光灯游戏进展（相对）较快，因此参与者必须高度专注。
- 结尾实现了快速、相对较全面的总结性反馈；每个人都能表明立场，所有人的心声都得到了倾听。

缺点

- 只是对瞬间的捕捉。
- 常常引发集体思维。例如，如果前三位参与者倾向性地表达了同样的看法，那么第四位参与者往往不敢发表不同的观点。

66. 绿野仙踪

	原型设计
	测试用户对某一产品或系统的接受度
	测试主导者、助理、用户
	真实的原型
	视待测产品而定，最多 20 分钟

绿野仙踪是指参与者借助一个界面、系统或具体物品进行交互的一种方法。然而，使用的系统是由一个“不可见”的人操作的。

此工具可让用户产生自己与运转的系统有关的错觉。系统由一人在幕后操作，此人“钻”入系统，充当机器，因此，无须动用昂贵的原型，便可事先检测系统交互的有效性。

当制作功能原型过于昂贵和费力时，可使用此方法。这样，你便可轻而易举地了解用户对系统或产品的接受度和理解方式。一般而言，此方法更适合那些尚无可比的竞争解决方案的项目；但你也可将它用于全新技术的实施或与这些技术的交互。

做法

- 步骤1：选择一个待检测的想法或理念。创建一个由图片、视频、动画及元件组成的原型，以便进行测试。
- 步骤2：寻找测试的参与者及合适的地点。确保原型模拟产品/系统正常工作。请一个人扮演助理的角色。
- 步骤3：助理隐藏起来，观察用户的举动。假定已完成的系统对用户行为做出响应，触发了系统于真正完成时应在交互中产生的不同回答。
- 步骤4：记录测试中正常运作和非正常运作的地方，尤其是用户对功能或产品本身的反应和行为方式。
- 步骤5：询问参与者对系统和设计的印象，并做记录。

优点

- 为编程前测试复杂系统提供了可能。

缺点

- 准备必须充分。
- 付出较多的精力。
- 仅在软件系统中有较好的效果。

提示

- 必须在测试前进行试验，如果效果不如预期，用户将意识到此原型是假的。

67. 快速完成

	原型设计
	快速开发不同的备选解决方案，检查项目目标
	设计思维团队
	原型设计所需材料
	根据项目确定时间范围

在此工具中，你确定一个虚构的项目结尾，然后和你的团队一同思考，如何能在人为缩短的时间内开发出可展示的成果。通过这种方式，你可快速开发出不同的备选解决方案，检查事先定义的项目目标。

此工具禁止不必要的反复推敲细节，而是专注于本质的东西。我主要在进退两难的项目情境中使用此工具，并获得了较好的体验，因为思考和琢磨的时间被人为缩短。

检查项目目标

做法

- 步骤1：与团队一同思考，如何能够快速结束项目（产品或理念）。
- 步骤2：讨论如何在最短时间内开发出可展示的成果。
- 步骤3：变化给定的时间范围，如30分钟或今天晚上（今晚的解决方案将是什么）。

优点

- 快速获取反馈。
- 检验和评判开发出的成果。

缺点

- 整体实施过程或整个项目可能被忽视。
- 可能耗费项目结尾所需的宝贵时间。
- 不太适合复杂的问题。

68. 创新总结

	原型设计
	展现尽可能真实的产品或服务图景
	设计思维团队、用户
	原型、活动挂图板，以记录结果
	视原型而定，最多 2 小时

创新总结可将创新计划转化为信息和图像，便于所有利益相关者和最终用户理解。创新总结采用共情、隐喻、模拟和可视化等方法，为利益相关者展现一幅尽可能真实的产品或服务图景。

借助此工具，待沟通内容可被分为三个方面：信息、目标群体、传达信息的媒介。该工具通过一种结构化的沟通方法，促进不同形式的信息保持一致。信息或消息也可借此对准不同的目标群体，如财务经理、市场研究员、工程师或最终用户。

待沟通内容将被加工，以便参与者对某一计划获得相同程度的了解——只有这样，参与者才能共同改进计划并将其最终付诸实施。

信息—目标群体—媒介

做法

- 步骤1：检查你的战略计划和愿景陈述。识别战略计划、愿景陈述及其他类似文档中的重要信息，从中选出你想要交流的最重要的想法。
- 步骤2：研究你的目标群体。除了最重要的信息，确定还需要哪种类型的详细信息，以活跃大众，鼓励其参与。请思考，如何与这些目标群体进行对话，以便他们真正了解自己在实施过程中可能扮演的角色。
- 步骤3：思考针对不同目标群体的不同方法。分别考虑不同的呈现形式——事实、图解、可视化、故事、隐喻。大多数情况下，你将使用这些不同形式的组合。请根据目标群体，选择最好的形式。例如，相比于一个故事，量化的基准点能够为财务利益相关者提供更多的安全感。
- 步骤4：为每个大众群体制定一份创新计划总结。讨论某一小组在实施过程中应扮演的角色。识别其中的重要内容，并确定你与这些人的沟通方式。在此基础上，检查你从整个创新过程中获得的所有成果，并提炼出你想与小组交流的最重要的想法。
- 步骤5：检查所有必要的沟通文件和演示文稿。事先进行随机测试，并整合得到的反馈。

优点

- 为企业定位。
- 促进完整性。
- 改善沟通。
- 支持从原型到实施的过渡。

缺点

- 付出较多的精力。
- 不太适合复杂的问题。

69. 纸上原型设计

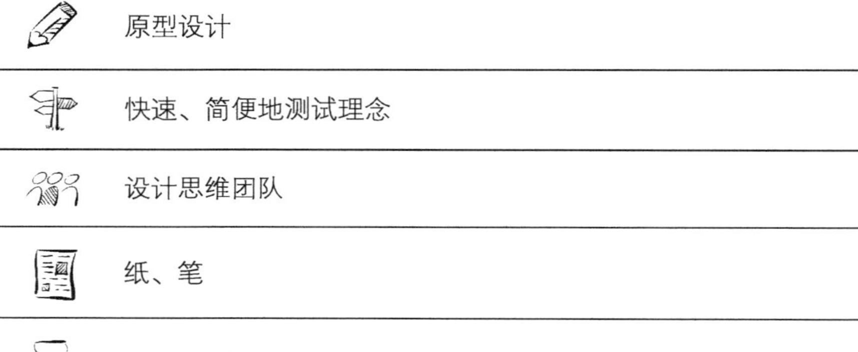

	原型设计
	快速、简便地测试理念
	设计思维团队
	纸、笔
	10~30 分钟

通过纸上原型设计工具，你可以将早期的基本理念快速可视化，然后测试可能的可用性问题。借助潜在的最终用户，你将了解交互理念的可操作性及可理解性。

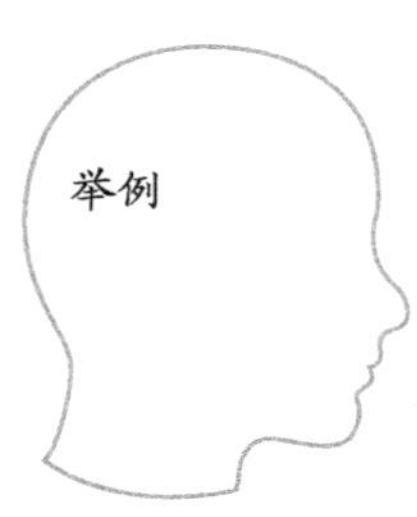

在一个项目中，我制定了一个应用程序解决方案。为使设计尽可能地贴近用户需求，我首先研究了大型多点触摸屏的不同交互可能性。此外，此屏幕应可通过触控笔操作。纸上原型设计在此案例中得到了很好的运用，因为交互作用与多点触控功能非常类似，可以快速测试控制元件。

做法

- 步骤1：与团队一起打印或画出所有纸上原型必需的、待测的图形（控制）元件。剪辑出的元件将各个步骤整合到一起，在测试中与受试者一同“活跃起来”。基于单个步骤，现在可测试不同的设计与交互可能，以及多种使用场景（详见模板）。
- 步骤2：主持人请受试者使用纸上原型，完成特定任务。
- 步骤3：参与创建纸上模型过程的另一个人，扮演诸如人机的角色，通过移动或更换交互元件，对用户的输入做出响应。
- 步骤4：在接下来的测试过程中，主持人扮演观察者的角色。借助各个进程的系列照片，可制作一部动画电影。然后，对测试结果进行分析评估，并将反馈意见再次整合到新的原型中。此步骤将不断重复，直到所有人都认同该结果，并且做好了付诸实施的准备。

优点

- 仅借助一名受试者即可测试理念。
- 付出精力较少。
- 用途广。
- 内部可实施。
- 便宜。
- 可快速测试不同交互理念的可操作性。
- 可明确界面操作对于用户而言的难易程度，以及困难所在。

缺点

- 必须留意整体焦点，否则很容易疏忽细节。

70. 快速而肮脏的原型设计

	原型设计
	快速模拟一个可能的最终产品，展示想法
	设计思维团队
	原型设计所需材料
	5~10 分钟

纸、纸箱、拼贴画、简图等可用材料将投入使用，以便非常快速地说明想法、解决方案或交互作用。

做法

- 步骤1：为确保所有团队成员讨论同一事实，将使用现有的材料和物品模拟实际情况。此外，还可结合所有似乎不太相关的物品，无论是胶带、笔、其他办公用具，还是人们随身携带的物件。重点只有一个：这些物品必须能快速取用，并且费用和时间成本最低。
- 步骤2：在给定的时间内，分小组讨论不同的原型。
- 步骤3：每一位参与者简明扼要地给出自己的反馈。主持人记下这些意见。

优点

- 快速。
- 便宜。
- 非常简单。
- 付出精力较少。
- 用途广。

缺点

- 用户常常只看到现有问题，而不是实施过程中可能产生的问题。
- 之后的实施过程没有真正的替补方案。
- 不是所有的方案都能轻松、快速地实施。

71. 路线图

	决策
	将决策选项可视化
	设计思维团队、委托方
	活动挂图板、笔
	约 1 小时

路线图探究解决方案的构建方式，而短期决定是长期解决方案的基石。路线图也表明，哪些解决方案更加适合短期实施。此外，路线图还阐明了单个解决方案可能会如何自主发展，之后分解成两

展示可能的线路选项

个不同的、同时进行的解决方案，由此企业可快速介入，并根据目标调整解决方案。

做法

- 步骤1：绘制一个初步的时间轴。估计实施不同的解决方案所需要的时间：短期的战术方案通常发生在最初的12~24个月，中期的战略方案发生在第2~5年，长远的战略方案至少5年后才会出现。
- 步骤2：在时间轴上制定试验方案，即原型，并将其可视化。重新审视你所有的解决方案，并把它们呈现在时间轴上。考虑为实施某一解决方案而必须进行的全部活动。思考将一个想法付诸实施所需的时间和基本步骤。以树状分支图的形式绘制一幅路线图。
- 步骤3：将解决方案对应组织的整体目标。重新审视你关于解决方案的初步想法。这些解决方案与企业的能力、财力和资源相吻合吗？它们是否已按照实施的先后次序正确排列？如果没有，请在时间轴上重新排列这些方案，以便更好地定位目标和安排活动。
- 步骤4：与团队一同讨论路线图。描述不同的解决方案之间的关系类型。这些解决方案是建立在某种逻辑顺序的基础之上的吗？请进行简短的总结，解释任务的逻辑，揭示某些解决方案能进一步发展或被优先选择的原因。描述从主时间轴上衍生出的不同分支，它们是如何为解决方案的主干做出贡献以及创造价值的。
- 步骤5：将卡片与利益相关者分享，讨论实施细节。哪些解决方案可在短期内实现？以路线图为基础分配资源。谁会成为与你同行的伙伴呢？

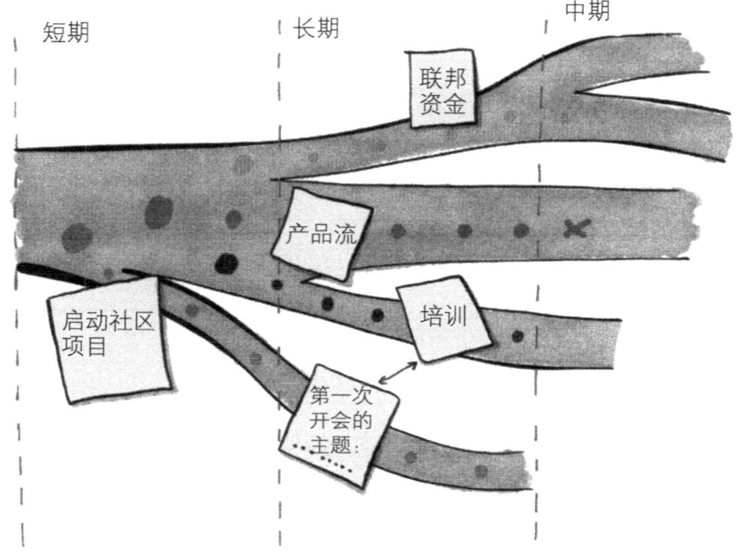

优点

- 为企业定位。
- 制订计划。
- 有助于进行选择。
- 促进达成共识。

缺点

- 付出精力多。
- 需要事先进行长期规划。
- 解决方案须非常超前。

72. 快艇法

	获取反馈
	鼓励客户将抱怨转变为建设性批评和改进建议
	设计思维团队、用户
	模板、活动挂图板、主持卡片、便利贴
	1 小时

客户希望拥有投诉的权利，这当然是合情合理的。但是当你直言不讳地询问客户意见时，请注意避免引发连锁反应！一旦如此，看似无害的小事将迅速升级为严重控诉，不仅使你名誉受损，而且令双方都感到沮丧和疲惫。

识别问题和障碍

但这种情况并不一定会发生。请你放心地去询问客户的感受和不满之处，但应知晓如何控制投诉发生的速度，以及如何讨论投诉。即使所有事情听起来都有些费力——快艇法是一种交互的、集体式的、有趣的方法，可识别产品或项目的局限、障碍或问题，然后确定行动的优先顺序，最终解决问题。在此，我向你介绍我经常在项目中成功应用的一种过程，希望能帮助到你，当场开发出满足客户最关切的新鲜想法。

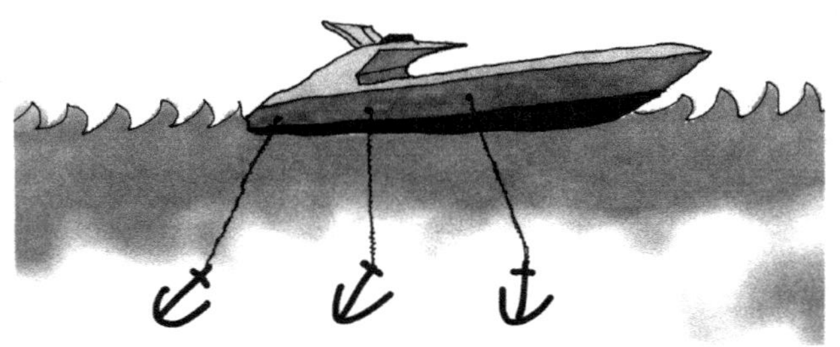

做法

- 步骤1：在白板（或使用模板）上画一艘快艇。
- 步骤2：由于快艇可以非常快速地行驶，需用锚加以控制。快艇代表你的产品或企业，而锚代表客户不满意之处。
- 步骤3：客户在锚上写下自己不满意之处。邀请客户立即进行评估，假如这个锚不存在，快艇速度可能增加多少。速度增加值代表了锚的重要程度。
- 步骤4：收集信息，将不同的锚按重要程度排序。
- 步骤5：此方法通常以一份行动计划告终。该行动计划规定了移除主锚的步骤。

优点

尽管大部分客户都会有所抱怨，但仅有极少数人真的非常生气，与你的企业或产品针锋相对。即使客户表达了极度失望之情，大多数人还是希望该产品或服务能够取得成功。请为这些人指明一条路，使其在表达失望的同时，不让某个人主导讨论或利用集体思维。快艇法提供了一个“安全”的环境，使客户能够放心地说出自己的不满。

许多人不善于用语言表达自己的失望情绪，如果你能给他们一个以其他方式进行表达的机会，你就做出了贡献。这种反思也有助于你思考对产品或服务真正重要的东西。请你的客户表述各自的问题，主要以书面形式，以促使他们思考。许多客户将在此过程中自主地意识到，大部分的问题是多么微不足道，然后开始重点关注真正重要的事情。你虽然邀请人们投诉，实际上却巧妙地改变了他们的看法，并且为你的企业或产品发现了获取成功的新路径。

缺点

如在小组中进行此练习，则很可能导致集体思维，因此带来扭曲的见解。

73. 故事板

	原型设计
	快速、合理地传递想法和理念
	设计思维团队
	笔、纸
	视项目而定，最多 1 小时

此工具支持以粗略的图像来描述设计理念草案。通过这种方式，你可以简单地传达一个想法或理念，以及获取反馈。

故事板其实来源于戏剧和电影业，是以图像呈现一部作品中不同情境和片段的方法。然而，故事板也可用于将理念——一个过程的不同阶段和路径——可视化。

故事板由不同的图像组成。这些图像连接故事板的各个节点，即所谓的情境和片段。

理念草案的可视化

故事板即可将单个想法可视化，也可将整个产品或服务可视化。几个节点不可或缺并相继发生，如一个过程的不同环节。其他节点则为可选项，如演示过程中的产品介绍。

做法

- 步骤1：将一个想法或理念拆分成有意义的单帧图像。
- 步骤2：将这些单帧图像可视化。每幅图应有一个主旨。
- 步骤3：将图像以一种逻辑顺序进行排列。

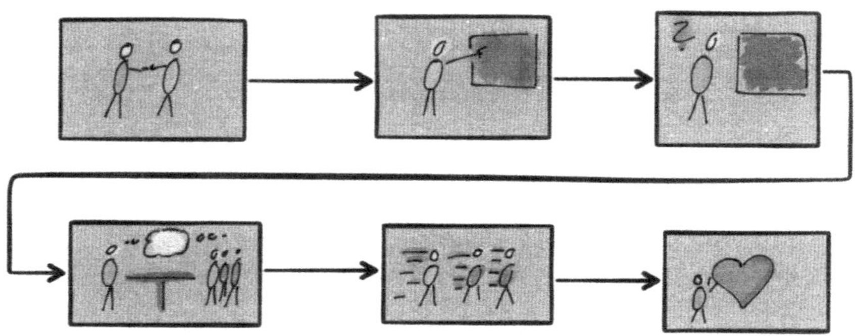

优点

- 提供关于想法或理念的概览。
- 将单个元素的功能可视化。
- 通过系统将流程可视化。

缺点

- 品质取决于绘图者。

74. 讲故事

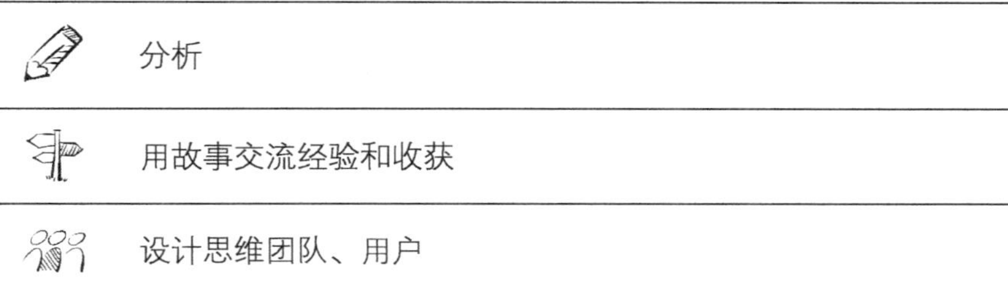

分析

用故事交流经验和收获

设计思维团队、用户

纸、笔，可能需要相机、口述录音机

每个访谈 5~10 分钟

讲故事是源自社会学领域的一种叙事方法。在此方法中，用户被询问或要求告知在特定情境之下的意见、体验等，他的阐述将被记录下来，以便日后更好地进行分析，以及将其用于改进产品、过程或服务。

此外，讲述得体的故事是一种有效的工具，可描述现有产品或模型的问题，发现新的想法，加深对问题必要性的理解。根据使用的具体方法和耗时情况，你可借助不同的媒介，从企业或客户视角讲述故事，然后传达给所有的利益相关者。

利用讲述者的信息

设计师要求用户讲述自己的故事“请跟我说说，你最近……”设计师的任务是让讲述者滔滔不绝地讲述，在不突然打断他的前提下，提出某些关键问题。关键问题指的是“为什么”“怎么样”“什么时候”等问题。然而，不应过于频繁地打断讲述者，毕竟这是讲故事而不是访谈，关键是事后在小组中分析讲述者的信息，确定他的意见、体验和见解的重点。

故事的记录可由另一个人或借助摄像机 / 录音机完成。文献记录是日后解读所述信息的重要参考。可借助亲和图收集和整理解读过程中产生的想法。重点在于寻找故事中或故事的多个文献记录中经常出现的模型，将不同的故事和不断重复的经历、观点或模型进行对比。

提示：

- 讲故事法是对以事实或技术解决方案为导向的、详尽的知识表现形式的一种补充或替代选项；它揭示隐性知识及封闭或开放的企业文化（“揭示功能”）。
- 基于情感维度，讲故事法是一种与经历和感受有关的表现形式，可通过另一种渠道接近员工（“攀谈功能”）。
- 无法直接获得的诀窍、经历和能力，可借助讲故事法更加形象地记录和传授（“传授功能”）。
- 用于紧急问题的复杂解决方案将被以“战争故事”或扣人心弦的“怪异故事”逼真描述。这不仅要求详细描绘一个场景，还要求描绘克服困难的过程、“棘手”的问题、重复出现的障碍，以及知识、能力和技能的产生（“生成功能”）。
- 讲故事法在组织中拥有社交功能（如包含信息的跳板故事）。

故事的优点是能够将现实和想象结合起来。这使得项目成员或研讨会成员能够将自己置身于未来（如一个新的商业模式中）。当需要说服一个间接利益相关者（如投资一个更好的原型）时，可再次使用市场引入阶段的一个好故事作为营销手段。此外，讲故事能够带来乐趣，故事的主旨将长期留存在参与者的记忆中，可能还会激励参与者进一步采取行动。

做法

讲故事法的做法取决于：

- 选择故事的目的和开发过程中故事目标的设定（动机、用途描述等）。
- 故事的目标受众。
- 为特定的目标群体讲述故事而选择的媒介（文本、图片、图表、视频、音频）。
- 步骤1：在主持人的引导下，项目成员可自主讲述一个真实故事的片段。
- 步骤2：故事片段将被改编和拓展。
- 步骤3：也可由一个核心故事团队制作故事板，然后由内部或间接利益相关者进行改编和拓展。

故事应：

- 简短，不过于繁琐或具体
- 形象生动，适合目标受众
- 有趣，听众能够理解
- 包含待改变的信息
- 以员工（员工视角）或客户（客户视角）为“原型”
- 真实，真实的故事优于编造的故事
- 有圆满的结局

- 步骤4：如果故事的主角是员工，那么他应该说明新的商业模式的意义所在。该员工可讲述自己处理客户问题的经历，或者资源、活动或合作的优化利用——可通过新的商业模式得以解决或改善。该员工也可从企业/项目组织的视角呈现，新的商业模式将改善哪些方面。或者，该员工从客户视角讲述，他未来还必须克服哪些挑战，完成哪些任务；然后，描述如何通过解决方案或新的服务为客户创造价值，这将怎样影响客户的生活，客户愿为此付出什么，他在使用过程中的感受如何。此处应注重真实性。

优点

- 很好地从个人视角将事实形象化。
- 有效的沟通手段。
- 不仅展示了某一解决方案所提供的可能性，也表明了哪些问题可能随着解决方案的应用而出现。
- 讲述故事也代表特定的视角，通过巧妙运用，可尽早识别利益相关者之间可能出现的冲突。

缺点

- 若不在小组中实施，则需要付出较多的精力。

75. 场景技术

	分析
	分析和预测不同的场景
	设计思维团队
	纸、笔、活动挂图板、主持卡片
	取决于项目规模

场景技术作为一种预测和分析手段，适用于不同的领域。此技术为战略规划提供支持，展现可能的未来情境及发展趋势。借助场景技术，你能够更好地领会未来的发展，而无须仅从线性预测出发。

识别可能的未来发展

按照今天的理解，场景技术可追溯至军事领域。当时，此方法被用于表述战争文件准备阶段的战略规划，以便能够更好地准备可能的战役和反击。然而，场景技术作为分析和预测手段的意义在20世纪70年代才得以彰显，因为从那时起，经济实践也开始考虑战略规划。如今，场景技术作为一种分析和预测手段，应用于各种不同的领域。场景技术主要适用于：

- 企业经济学及国民经济学问题。
- 决策准备。
- 评估产品、企业和地区的未来发展。

做法

- 步骤1：借助头脑风暴，确定你想要了解哪个主题的未来发展。
- 步骤2：描述此主题的当前状态。
- 步骤3：识别和整理影响因素和影响领域。收集、总结可能影响所定义的主题的所有因素（如医疗、健康、道德、价值观、研究与技术、政治和法律框架、财政框架等），并评估其影响程度。
- 步骤4：为了能够描述影响因素的发展活力，确定可能的数量（如支出）和质量（如客户态度）标准及特征值（描述符）。这一步提供专家研讨会，以确定相关的描述符。描述符应以实际状态记录。
- 步骤5：在此阶段，你为年度目标确定趋势和假设。理想情况下，你可参考预测和专家知识。大部分的描述符均可通过包含所有事实而呈现出明显的趋势。然而，也有一些发展可能出现不同的趋势或其他假设。在这种情况下，你应记录下来。

- 步骤6：用和谐的、无矛盾的陈述总结不同的替代假设。2×2矩阵（工具32）有助于清楚地表明，哪些特征相互增强，哪些特征是中立或互相矛盾的。接着，你能够根据“高度一致”“高度不同”“高度可能”的标准，从总结的假设中选出两至三种组合。
- 步骤7：完成对场景的描述。使用从已执行的分析中获得的信息，由此制作未来的整体蓝图。在此过程中，请同时留意可能的内部和外部干扰事件（如新竞争对手的加入）。如有必要，也开发一些替代方案。场景揭示了可能的未来发展及其带来的结果。对场景的描述应简洁、形象和有吸引力，通过不同的图表加以说明。
- 步骤8：为进一步的行动和设计策略制定一个措施目录，以支持和加强期望发展的场景。不期望发展的场景则应削弱或避免。

优点

- 可扩展性强。
- 能确定可能的场景。
- 形象地展示不同的影响因素。

缺点

- 要求具备大量的知识。
- 实施过程需要大量时间。
- 仅间接有助于解决方案的开发。

76. 自主尝试

	分析
	测试产品或理念，检查可能的错误来源
	设计思维团队
	原型、笔、纸
	取决于各场景

设计出的产品或项目草案将用于日常生活并进行自我测试，以便检查可能的缺陷来源，发现潜在的弱点或使用困难。在这种情况下，测试者同时也是受试者。

在此方法中，每位团队成员分别扮演一种利益相关者的角色，如最终用户、设计师、工程师、领导、营销人员、供应商、合作伙伴等。“亲身”尝试使团队成员跳出常规思维方式和设想的束缚，改善想法的质与量，促进有益的讨论。

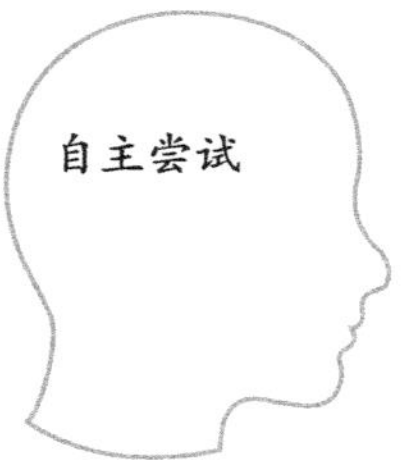

此方法促进以用户为导向的思考及关于共情的讨论，因为重点在于产生对他人有益的理念。因此，对于不熟悉用户导向型创新的团队成员而言，此方法是一种非常有用的准备练习。

做法

- 步骤1：识别重要的主题或理念，以及利益相关者。
- 步骤2：体验想法，在角色扮演中使用相应的原型。为每个团队成员安排一个利益相关者角色。

- 步骤3：讨论和分析你在此过程中收获的认知。此外，记录你的经历，描述或描绘你的反馈。将这些资料用于下一次的反馈，以及关于可能的利益相关者改进和建设的对话。

优点

- 收集自己的经历。
- 与用户感同身受。
- 理解用户需求。

缺点

- 存在主观体验而非利益相关者的体验，因为利益相关者总是有不同的经历 / 期待 / 知识。

77. 预览场景

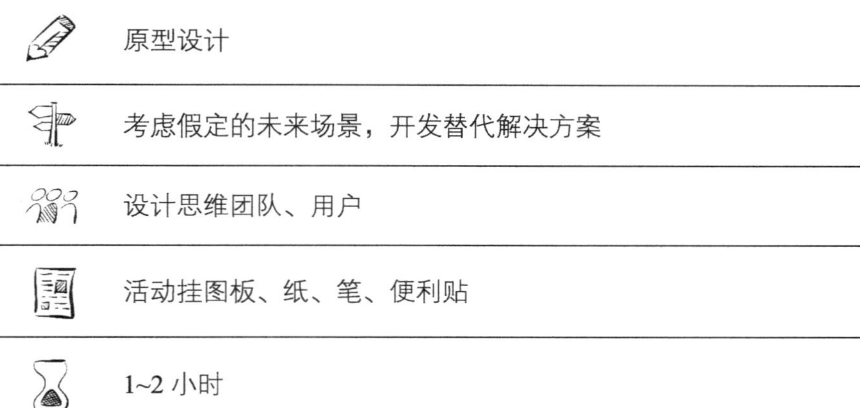

	原型设计
	考虑假定的未来场景，开发替代解决方案
	设计思维团队、用户
	活动挂图板、纸、笔、便利贴
	1~2 小时

开发整体解决方案

预览场景是一种在新兴趋势的基础上开发假设的未来场景的方法。此方法可开发出替代解决方案，以描述可能的未来情境。

在此方法中，我常常使用2×2矩阵（工具32）来思考场景及可能的未来情境。卡片的两个维度基于新兴趋势（社会、文化、技术、生态和经济领域），这对项目而言至关重要。然后，在每个象限中分别写下不同的场景。在场景的基础上产生全新的理念，然后记录在卡片上。卡片可用于组合互补的理念或开发整体解决方案。

举例

在一个学校项目中，我专注于创造满足青少年特殊社会需求的解决方案。由于与媒体的互动，青少年发生了极端的变化。为此，我通过留意在政治、经济、社会和技术领域影响青少年的未来趋势，发展出了一些理念。这些趋势成为预览场景技术的基础。我对不同的场景进行优先级排序，留意哪些对于青少年而言是真正重要和有趣的：一方面是可用的资金，另一方面是技术、时尚潮流等主题。为此，我制作了一个2×2矩阵，并在此基础上开发出了预览场景。其中一个场景是青少年尝试通过时装风格表达自我。服装向来顺应人们的生活态度和观念。T恤衫对于许多青年人而言，是其思想和价值观的体现。基于此见解，团队开发出了一系列的实体和虚拟方案，并将多个想象的场景可视化。我们通过访谈发现，体重和时装的主题虽然重要，但趋势已偏离。服装在此占据了更高的地位。但通过传感器直接与大脑相连等智能服装也被提及。这种未来装备传递情感，并根据穿着者的情绪状况调整颜色——视其是否专注、沮丧或放松而定。为此，我们制作了配备专用软件的胶原质（部分结果甚至可借助3D打印机而更加立体化）以及青少年在未来几年内的穿着形象。此个体形象由一个木偶和自主缝制的服装构成。对此，设计思维团队尤其注意到青少年自主选择和收集图片的方式。然后，在项目中与其他中学生分享和讨论这些结论。

做法

- 步骤1：列举各种趋势，并从中选出最重要的几个。这些趋势可能来自之前的趋势矩阵或通过其他方法发现。探究每个趋势对于项目的意义。选出两种最重要的趋势。
- 步骤2：借助选出的趋势制作一个2×2矩阵。观察所选的趋势，并阐释未来的可能性。思考在此趋势的基础上可能发生的极端事件，并将其转化为一组标度。借助这一组标度制作一个2×2矩阵。
- 步骤3：在卡片的各个象限中分别写下一个场景。每个场景描述了当两个极端事件发生时出现可能的未来状态的条件。为每个场景取一个标题。
- 步骤4：在每个象限中开发理念，在此过程中留意你一开始识别的所有趋势。为每个理念分别起一个名字。
- 步骤5：结合不同的理念，由此制定出不同的解决方案。
- 步骤6：为每个解决方案写下简短的总结。描述解决方案在可能的未来场景中将如何起作用，以及不同的理念能够怎样相互补充。与你的团队分享这些想法。你认为哪种场景最可能在未来发生？当这些场景以另一种方式呈现时，你将如何挑战解决方案？为了这些可能的变化，你还必须制定哪些可选方案？

优点

- 能够更好地与目标群体产生同感。
- 观察未来的趋势发展。
- 简化讨论。

- 将重点放在过程上。
- 促进想法。

缺点

- 付出较多的精力。
- 趋势仅凭预测。

词汇表

在此，你可找到设计思维重要概念的解释。这些概念在文献资料和设计环境中频繁出现。

A

AB测试

一种测试方法，向一定比例的用户显示一项设计的替代版本，然后对比两种设计的有效性。

发散思维

生成不同的想法并进行研究。

演员

参与研发、供应、支持或使用某种产品或服务的人。

亲和图

一种可产生大量想法的技术。之后，在小组中整理生成的想法，以揭示它们的自然关系，并重新检查和分析这些想法。

一般调节效应

身体处于紧张状态时的三阶段、短期及长期反应：（1）警报

（逃跑或攻击）；（2）反抗（身体对于紧张因素逐渐适应，以及尝试降低紧张因素的影响）；（3）筋疲力尽（身体的抵抗力耗尽，免疫系统可能受到损害）。

模拟

模拟是指来自不同领域或行业的相仿的产品、服务或情境。模拟用于制定改进建议。

分析

一个广泛的概念，包含大量的工具、技术和过程，用于从数据中提取有用信息或有意义的模型。

应用案例

当用户尝试借助被观察的系统实现特定的商业目标时，应用案例聚集了可能出现的所有场景。它描述了在实现目标的尝试中可能出现的情况，而不考虑具体的技术方案。使用案例的结果可能是成功或失败 / 中断。

服从权威

服从权威（如通过头衔、服饰等体现出来）是指几乎所有人都在特定条件下服从他的指令（愿意服从）。这种现象可能出现在会议中，导致人们复述他们认为权威人士想听的内容。这极大地篡改了结果。设计思维规则明确反对这一现象，放弃使用头衔，并同等重视每一位参与者的贡献。

B

后台行动

后台行动是指由企业员工执行的、虽然对于客户不可见但会对其产生影响的操作。例如，在一家餐馆中，接受订单是一项前台行动，但烹饪食物就是一项后台行动（只要客户看不到饭菜是如何做好的）。

需求

一些必要的功能或条件。人类的需求有很多种，如饮食、居住、安全、爱和被爱以及自我实现。

发现需求

发现需求是指与人交谈并发掘其需求的艺术——无论是显性需求还是隐性需求。只有当我们真正了解客户需求时，我们才能获得有意义的见解——才能找到、启发和告知可持续的解决方案。

用户友好性

用户友好性是指用户能够通过网页等技术系统进行自主导航。用户越是能够简单轻松地通过技术产品实现个人目标，该产品的用户友好性就越高。因此，高度的用户友好性如今已成为许多行业中的一项重要的竞争标准。

β测试

限量推出一款软件产品，以便在最终上市前发现其缺陷。

偏误（倾向）

片面的视角，偏见。采访者可能因自己的预先设想，不经意间影响受访者的答案，因而获得期待的但被歪曲了的结果。

头脑风暴

一种团体或个体的创造性方法，通过集体会议获取团队的想法和解决方案。为使头脑风暴奏效，重要的是将生成想法和评估想法分离开来。

业务流程重组

一种极端的处理方法，旨在彻底重建一个企业的业务流程。

C

代码

用于表现访谈中的重要想法、主题或事件的词汇。这些词汇一经确定，将与不同颜色或符号相关联，以用于标记采访文稿的相应段落。

共同设计

设计思维团队直接与用户进行互动的过程，以便使用决定设计方案成功开发的重要知识。设计思维者应为此提供不同的沟通可能性。

确认偏误

寻找、发现、阐释能够证实个人理念和意见的信息的倾向。

客户旅程

客户旅程是指客户在决定购买一种产品前经历的各个循环，基本涵盖客户与企业、过程、产品或服务的所有接触点。这不仅包括客户和企业之间的直接接触点（广告、网页等），也包括获取第三方关于企业、产品或服务的间接接触点（评价门户网站、用户论坛、博客等）。

客户关系管理

客户关系管理（Customer Relation Management，CRM）是企业进行战略定位时的一项决策，影响所有与客户相关的过程。

D

诱饵效应

诱饵效应（也称交换效应或同化优势效应）为人们提供第三种选择。这将影响人们对于其他两种选择的决策。

定义

项目的一个阶段，旨在明确项目的需求和挑战。

设计挑战

待处理的真实问题；定义阶段的结果。

设计思维者

与团队一同经历设计思维过程的人。

设计思维

设计思维不仅是一种方法或创新过程，还是对于企业变革的一种思维方式。

设计思维过程

由建立共情、定义问题、产生想法、原型设计四个阶段组成，是一个非线性的迭代过程。

设计思维房间

设计思维房间应符合下列标准：能容纳所有参与者，光线足，空气好，没有回声，有能升高的桌椅、白板和活动挂图板、不同颜色和形状的便利贴、白板笔和马克笔。

服务系统

关系生态学、服务的交互和背景环境，简化服务供应的内部或外部渠道、资源及接触点。

瓦解

快速增长的创新代替或击败现有商业模式或整个市场的过程。可在所有行业中出现的常规创新与破坏性创新的区别在于改变方式方法。常规创新仅仅是更新和继续发展，不会彻底改变市场，而破坏性创新意味着完全重构和打破现有模式。

E

感知

此概念用于总结理解和观察的步骤。这种情感表达的使用有助于提醒设计思维者，必须始终关注人们的体验。仅从自己的视角看问题是不够的——重要的是理解他人的感受及某一体验于他而言意味着什么。

切入点

过程或服务的入口位置。用户与各服务产生交互的起始点（参见“接触点”）。

共情

若想与其他人建立共情联系，不仅要理解他人的感受和需求，还要了解与之相关的生活环境和信念。不可随意阐释他人的状态，而应设身处地地去感受。

最终用户

最终用户也称用户或最终使用者，指的是IT领域中使用软件的人（参见“用户”“使用者”）。

人种学

直接在用户的周边环境——办公场所、家庭或业余生活中收集用户相关信息。

循证设计

在循证设计中，设计师在可信的研究结果和数据的基础之上进行设计，以便获得最好的结果——因为设计不应只基于设计师的想法。

体验设计

运用设计思维，为与产品、过程或服务进行交互的人创造愉快的体验。此过程始于理解用户的需求和愿望。分析的重点在于交互的情感和运动方面，当体验的质量与所开发产品相符时即结束。

极端用户

属性或特征不符合用户群组平均水平的人。极端用户的年龄、能力、职业、经历等可能有所差异。重点研究极端用户可促进更加创新的解决方案产生，加深对用户群组的认识，以及开发产品或服务的新市场。

F

环境因素

设计思维的成功在很大程度上由共同的工作和思维文化决定。这基于四个基本元素：跨学科团队、空间、设计思维过程和订单。

实地研究／实地观察

一种收集用户数据的方法，也包括产品要求、观察和调查。直接在用户的周边环境中收集数据。

问卷

一种研究手段，由一系列的问题和其他要求组成，旨在收集被调查者的信息。

免费增值

混合词，指企业免费提供一项服务或产品的商业模式。此外，用户可通过支付附加费，获得增值服务。

G

封闭式问题

可用“是”或“否”进行回答的问题。

扎根理论或与对象相关的理论形成

一种用于系统化分析评估定性数据（采访文稿、观察记录）以创立新理论的社会科学方法。

集体思维

意见一致——没有批判性评价。团队成员纷纷赞同其他人的说法，以免扰乱现状。

H

人机交互

人机交互包括对人（使用者）与计算机之间交互的研究、规划和设计。

启发法

一种分析方法，以有限的知识，借助系统及结论，对系统进行阐述，如最佳实践、原则或简便法则、尝试与谬误。

希克定律

一个人所面临的选择越多，做出选择所花的时间越长，即更多的选择可能性会增加决策时间。

高保真原型设计

这种原型设计关注与最终产品的高度相似性。为此，使用软件而不是简单的材料（笔、便利贴等），以便设计出忠于最终稿的控制元件。

我们可以如何……

一个积极的、可实施的问题，总结设计挑战，但不指向某一解决方案。

以人为本的设计（用户导向型设计）

此方法旨在设计出高可用性的服务、过程或产品。这通过将（未来）用户及其需求、目标和特征置于发展过程的中心地位而实现。

I

产生想法

设计思维过程的阶段之一；由发现想法和评估想法组成，用于开发不同的理念并将其可视化。

跨学科合作

结合不同学科专业人士的智慧、经验和能力，紧密、灵活地合作。每个团队成员需具备共情能力，以便能够与他人共同完成创新问题解决过程。设计思维团队可由人类学家、工程师、教育家、医生、法学家、机械师、律师、科学家等组成。

归纳分析

这种分析方法首先收集和分析数据，然后在此基础上创建假设。用户及其视角是解决方案的中心。这要求大量的共情，以便了解用户的特殊需求。其原理在于，在测试解决方案可行性和经济性之前，首先了解用户及其期望。

孵化器

孵化器是促进和支持企业创建的机构。

创新

创新在字面上的意思是“革新”，由拉丁语中的动词“innovare”（革新）派生而来。在口语中，此概念指的是想法和发明及其实施。狭义上，只有当想法转化为产品、服务或过程，并真正地成功应用和进入市场（扩散）时，创新才会产生。与创新相反的是守旧（exnovation）。

交互设计

人机交互界面的设计。此学科直到20世纪80年代末才出现，主要研究图形用户界面（GUI）。

见解

以简洁的语句表达出想法或概念，有助于阐释模型，可产生对于问题的新认知。近义词有观点、认知、灵感等。

访谈指南

用于直接对话的问题清单，以确保讨论最重要的问题。指南的设计应灵活可变，以便能够应对可能的意外回答。尽管如此，设计指南的主要目的是不遗漏访谈的重点。

采访者偏误

在访谈中对人的有意或无意的影响，可能导致结果的系统化扭曲，即所谓的回答倾向。

工字形

在某一领域拥有深厚技能和知识的人，但在其他领域不具备这样的能力。

迭代

重复某一过程的过程，旨在接近期望的目标、解决方案或结果。

K

渠道

沟通或供货的媒介。大多数企业运用不止一个渠道，如电话、电子邮件、网站等。

因果性

一个事件（原因）与另一个事件（结果）之间的关系，后者是前者的结果。

认知失调

一种不适的感觉状态，因而引起人的不协调或矛盾的想法、感受、观点、愿望或意图。人们试图通过改变信念，回到一种协调的状态，从而减少这种不适感。例如，某个人可以设想，他虽然是一个聪明的消费者，但也意识到自己花费过多，如买车。这两种信念是冲突（失调）的，因而让人不适。因此，必须改变其中一种信念——但不要影响个人信仰！由于获得另一辆车是很难的，所以常常改变的是客户对自己的车的态度，使其认为车子的价值更高，从而觉得自己花的钱是合适的。

合作

不同的人之间的相互作用，如用户、利益相关者和其他项目成员。

集体智慧

由一组人合作产生的表达一致的共同知识。集体智慧要求大家开诚布公，交换想法，分享经历和观点。

创新组成要素

创新和有价值的问题解决方案同时具备三个基本组成要素：（技术上的）可行性、（经济上的）承载力和（人格上的）可取之处。设计思维将人格要素作为设定目标的出发点，设计不仅具有吸引力，而且是可行且有销路的创新产品、服务或体验。

背景环境

过程、产品或服务产生的特定框架。背景环境的研究和定义表明，尽管存在项目边界，须多加留意，但也存在着机会。背景环境也是包围和影响产品、服务或过程的外部元素。这些对象可能是实体的，也可能是虚拟的。背景环境指的是时间、日期、地点、地点类型及其他任何可能影响产品、过程或服务的物理因素。环境影响成功。

辐合思维

此概念于1950年由著名人格和智力研究家吉尔福特创建，描述的是趋于相同的思维。辐合思维的特征包括：聚合性，分析性，以唯一的、准确的解决方案为指向。这种思维方式非常适合评价和选择建议。辐合思维的反义词是发散思维。

创造性

在一般的语言用法中主要指人的创造特性。“Creare”（拉丁语）是“创造”的意思。此概念通常与艺术领域的职业相关。

L

精益启动

“精益启动”这一概念源于英语语言区，“lean”意为“苗条”，表明可使用尽可能少的资金创建一个成功的企业。精益启动的重点不在于长期的事先规划，而在于“边学边做”，即让产品或服务尽早上市。

学习

可从调查研究中提取出的最基本的信息，包括直接陈述、奇闻逸事、第一印象、环境暗示，以及关于奇怪的或惊人的事情的暗示等。

李克特量表

衡量个人态度的方法（如1~5，1=非常一致，5=完全不一致）。

可视线

主要来自客户视角（可视线以上）和员工视角（可视线以下）的功能性。

低保真原型

低保真原型旨在尽早检查想法和流程，以便能减少开支，以及快捷地整合受试者的反馈。

M

可行性

表示项目目标是可执行的，而且框架条件（如现有能力、法律框架条件等）有保障。

马斯洛的需求层次理论

马斯洛的需求层次理论，也称“需求金字塔”，是由美国心理学家亚伯拉罕·马斯洛创立的一项社会心理学理论。该理论描述了分等级的人类需求和动机，并尝试解释这种层次结构。在设计思维领域，此模型用于更好地理解用户的需求。例如，智能手机可满足安全需求（“我必须能在紧急情况下联系到他人”）和社会需求（无论我在哪里，我都希望与外界保持联系”），同时也可提升人的自我价值感（“看着很酷的智能手机”）。

最小可行性产品

最小可行性产品（MVP）包括一种新产品的不可或缺的功能。最小可行性产品（MVP）的目标是尽可能高效地在真实的世界里测试基本商业假设。

主持人

主持人的目标是与所有小组成员构建一个共同的学习过程。对话主持人通过欢迎参与者以及解释主题、流程和规则，为对话回合的参与者提供支持。主持人控制单个人的演讲，抓住最重要的关键词并进行总结，制止过于热情的团队成员，促进清晰度，支持对话以及调节冲突和问题。他们控制对主题的处理，并使听众融入进来。

N

用户

用户（也称最终用户）指的是使用辅助手段以实现某一利益的人，如减少时间或成本。在本书中，用户、最终用户、使用者、客户为同义词，均指解决方案的目标受众。

P

纸上原型

手绘图纸，可快速获取其他人的反馈。

人物角色

一种虚构的身份，表示具有共同需求和特征的用户群，是解决方案的目标受众。人物角色具有典型特征。

视点（PoV）

在设计思维中，视点（PoV）指的是一个特定的人的立场。视点的创建包括综合在理解和观察阶段获得的数据，以便为之后的想法生成和原型设计创造共同的参考和灵感。想法是重点研究一个真实的人——借助在感知阶段发现的大量具体细节。具体方法是创造表达用户需求和见解的一两个短句。

原型

为与最终用户测试理念并从中汲取经验而研制的模型。原型设计有助于理解真实的工作条件，而不是理论条件。

R

快速原型设计

快速地构建一个模型，是一种允许企业在规划阶段构建试验模型的方法。这样可尽早识别和改正错误，从而避免生产过程中产生高额费用。总体来说，“快速原型设计”这一概念是快速、简单的模型制作的众多可能性或方法的总称。快速原型设计是常规原型设计的一种特殊形式，这种处理方法源于生产技术。借助机器进行自动化原型生产，通过数字模型读入尺寸和特性信息并传递给机器。例如，借助3D打印机制作实物产品的3D模型，是快速原型设计的目标之一。

重新架构

有助于针对某一现有问题，发展出不同的视角和想法——因为一个问题始终有不止一种观察的视角。“男士或女士使用此产品时分别是怎样的情况”“在中国或在阿根廷使用此产品，有何不同”或“造成此问题有何其他原因”等问题会对此有所帮助。

投资回报率（ROI）

投资回报率的计算表明是否值得进行某种投资。投资回报率在德语中简称“ROI”，其含义与“资产收益率”相同。ROI的参数描述了所投资本与企业盈利的百分比。ROI可作为企业利润和效益的独立衡量标准。此外，借助ROI可检验设定的盈利目标是否实现。

互惠

社会交流中的礼尚往来；一种社会规则，说明当人们被赠予礼物时，会产生回赠的压力。在设计思维中，互惠指的是建立共情。当设计思维者对他人产生兴趣，并且想要了解对方的需求时，他会反过来为设计思维者开发真正有效的产品、服务和过程提供支持。

角色扮演

一种游戏形式，参与者扮演其他角色，如真人、动物或物品。在设计思维过程中，应获取用户反馈，以便之后开发和优化理念及解决方案。

S

Scrum

Scrum（在英语中是“争球”的意思），项目与产品管理的一种行动模型的名称，主要出现在敏捷软件开发领域。如今，Scrum也应用于诸多其他领域。Scrum只有几条规则，记录在所谓的“敏捷图集”（Agile Atlas）（核心，即基础）或（更为详细的）“Scrum指南”中。Scrum方法是以经验为基础的、增量式的、迭代的。它基于许多开发项目过于复杂的经验，以便能够被囊括到一个详尽的计划之中。

服务设计

常常与设计思维画等号，但其实只涉及服务的设计过程。服务设计通常由设计师与企业合作进行，以便开发出在方法论上与客户和市场相适应的服务。

服务时刻

用户与服务之间离散的交互点，常常绘制在客户旅程地图上。

社会学习

一种学习形式，主要是观察和模仿其他人的行为。通过模仿用户的行为举止，设计思维者能够更高效地与用户交流。与目标用户近似的人群将期望的行为形象化，从而提升社会学习的说服力。

赌徒谬论

错误的信念，认为当一个事件比往常更为频繁地出现时，它在未来发生的概率就更低。

冲刺（迭代）

一个预先定义的、有限的并不断重复的阶段，在此期间目标得以计划、实现和检验。

利益相关者

与产品、过程或服务直接或间接相关的人、团体或企业。利益相关者是指对解决方案造成影响的所有人，尤其是项目团队、用户、战略合作伙伴、客户、供应商以及管理层。

站会

每天早上召开（10分钟左右），以更新进展、确保项目正常进行，以及当项目出现异常时寻找解决方案。所有团队成员须诚实地回答三个问题：（1）我昨天做了什么？（2）我今天要做什么？（3）有没有什么阻碍我实现目标的事情？

初创企业

年轻的企业，主要有两个特点：拥有创新的商业想法或解决方案，且企业成立是为了发展壮大、创造高价值。出于对风险的考虑，初创企业的融资通常不由传统的银行安排，而是通过发展银行或创新金融形式（如风险投资、众筹等）实现。初创企业的市场常常较弱小或尚无市场，必须首先找到一种有效的、收放自如的商业模式。当找到这样的商业模式并站稳脚跟之后，它们便不再是一般意义上的初创企业了。曾经的初创企业或已立足的企业有时也可借鉴初创企业的成功方法（如创新能力、灵活性、现代化、扁平化组织结构等），通过孵化器加以促进，建立和划分初创企业的各个部门（所谓“派生产品”）或并购初创企业。

故事板

一系列的插图、词语或图片，旨在交流用户场景或体验。故事板于20世纪30年代由华特·迪士尼发明。事件的视觉序列用于理解一个进程中的不同阶段和情境。

诱导性问题

一个问题，其表述方式让受访者给出研究者偏爱的答案。

泳道

管辖图表和经典流程图的结合，大部分业务流程均以此方式呈现其跨部门的过程顺序——连同出现的接口。此方法经常用于服务开发过程；体现随时间而推移的工作进程，通常从左往右读取。

综合法

分析过程以对一个过程或系统及其关联的单个元素的认识为终点。综合法则颠覆此过程，试图将通过分析发现的元素组合成一个新的整体。

场景

一个假设的故事，说明一个或一系列事件。场景主要用于原型设计阶段，旨在探究和重新定义想法。场景大多以关于人和活动的短篇故事形式呈现，描述产品、服务或过程的典型使用案例，应聚焦目标、行为和对象。

T

上市时间（TTM）

从最初想法到产品真正进入市场，可能需要较长的时间。这一时间段也包括技术和物流领域的发展，被称作上市时间，简称TTM。“上市时间”的概念也可解释为“筹备时间”。

触点

触点是指客户与过程、产品或体验供应商的每一个联络点。触点发生在（潜在）客户与企业取得联系的地方。触点的识别是绘制客户旅程地图的重要步骤之一。每个触点都是一次创建更好的客户体验的机会。触点可能是真实的，也可能是虚拟的，如广告、电话、社交媒体、专业展会、网络、博客、小道消息等。

转录

书面理解和复述音频或视频片段的程序。

T形

在单一的主题领域拥有深刻、专业的能力，并掌握多个学科的一般知识和能力的人。

U

未满足的需求

下列六条原则确保一个解决方案满足用户需求：

1．设计基于对用户及用户环境的明确理解。

2．用户参与开发过程。

3．解决方案受到以用户为中心的分析过程的操控和评估。

4．过程是迭代的。

5．解决方案针对用户的整体体验。

6．团队具有跨学科的能力和视角。

有针对性的问题包括“谁是用户”“用户的任务和目标是什

么”“用户需要哪些功能 / 信息”。

独特卖点（USP）

一个产品或名牌商品的独特属性，使其优于竞品；可以是特别的形状、技术特性或服务。这种独特的卖点是产品宣传活动的典型基础。

可用性圆桌会议

邀请一组用户参加会议，以便制定具体的解决方案及讨论早期原型。

可用性测试

比较两个或多个设计，如不同的线框图，在更改设计前后进行比较，或者将自己的设计与竞争对手的设计进行比较。

用户体验（UX）

用户体验是指特定产品的用户体验，反映一个人在使用某个产品过程中的经历和感受。

用户故事

用户故事是日常用语中对于软件要求的表述。用户故事应有意识地保持简短，通常不超过两句话。

V

理解

这里重点指对于问题的理解。因此，首先应致力于观察——深入调查研究和实地考察，以获得重要的见解和认识，制定符合现状的框架条件。

VUCA

易变性（volatility）、不确定性（uncertainty）、复杂性（complexity）和模糊性（ambiguity）。VUCA这个术语可追溯至20世纪90年代的军事用语，最初用于描述冷战后的世界，一个多变的、不确定的、复杂的及模糊不清的世界。在近几年，此概念越来越多地被用于描述因全球化而发生改变的企业组织及员工管理框架条件。

W

经济性

性价比的一般标准。目标是以尽可能少的开支获得给定的收益，或者以给定的开支获得尽可能多的收益。

吊诡问题

吊诡问题是指有矛盾的、不断变化要求的问题。“吊诡”这一概念适用于下列情形：（1）解决方案取决于问题的架构；（2）利益相关者的观念分歧很大，无法形成对问题的一致理解；（3）问题以及解决问题的必要资源的限制随时间而不断变化；（4）问题永远无法最终解决。

线框图

网站或应用程序布局设计的粗略指南，可借助纸笔或软件绘制。

可取性

用户希望的结果，需求的满足。

Z

满意度系统

威胁系统帮助人们察觉和应对威胁和危险。驱动系统帮助人们发现对于生存和繁荣而言至关重要的资源。安抚系统和满意度系统则能带来轻松、舒适、安全、亲切等感觉。在设计思维中，最重要的是为满意度系统开发产品、过程或服务。